他人《ひと》も自分も自然に動き出す

最高の「共感力」

竹中 功

カリスマ広報マンが吉本興業で学んだ
コミュニケーション術

日本実業出版社

はじめに

他人《ひと》のことや自分のこと、物事を「考える」ということはとても大事なことだが、それに負けないぐらい「感じる」ということは重要であり、それを忘れてはならない。

人は「視覚」「聴覚」「触覚」「味覚」「嗅覚」以外に「第六感」という「五感」を超える物を持っているといわれ、それは物事の本質を感じとる能力であるともいわれている。私は少々ピンぼけなところもあるので「超能力」「霊感」「勘」などの能力は乏しいが、せっかく誰もが持ち合わせている「感じる力」をもっと使わない手はない。

人は何歳になっても子どもの頃のように「もっと考えなさい！」「考えて行動しよう！」「考えてから出直せ！」といわれる。毎日毎日「考える」という言葉にまとわりつけられているのは事実ではないだろうか？

「考える」ことが必要なのはよく分かっているが、最近はそれが時々、邪魔になる。そんなに「考えて！」といわれなくても、本人はよく考えているつもりだし、考えていないわけはない。

そこで気づいたことが、**多くの人々が「よく考えること」を強いられすぎて、本来持って**

いたはずの「感じる力」の利用頻度や能力が低下しているのではないかということである。

ひょっとして「感じること」は「考える」能力より格下だと思ったりしてはいないだろうか？

ここは「敏感」にしろ「鈍感」も含めて「感じる力」が自分のなかから行方不明になっていないかということだ。

これに気づかせてくれたのが「ＫＹ」である。

その意味は「おじさん、空気（Ｋ）が読（Ｙ）めないの！」という例のものである。実際にはそれをいい始めたとされる「女子高生こそが空気を読めていないのではないか！」とおじさんである私は返したいところだが、この「ＫＹ」にヒントがあった。還暦を前にして「空気を読むとは、考えることではなく、感じることこそが重要だ」ということに改めて気づいたのである。少し遅すぎた春が来たと反省している毎日である。「ＪＫ」のみんな、ありがとう。

それでは相手の気持ちに敏感なのがいいか、鈍感・不感なのがいいのか？

ついつい、鈍感より敏感のほうが感度が高いので格上のように見られがちだが、多様性溢《あふ》れ、それぞれの価値観を認め合う昨今、どっちもどっち、それぞれの考えかたや感じかた次第、人それぞれでいいと思う。とやかく人のことをいうのを私はもう止めにした。どうでもいいことだ。

実際には「敏感」か「鈍感」かは、誰と比べているかによるのである。比較する相手によって、「敏感」か「鈍感」を行ったり来たりする。

ただ誰がどこで決めたルールか分からないが、ついついあらゆる事象を二分しようとしてしまう。イエスかノーか、正義か悪かのどちらかに押し込もうという風潮が強い。これまたどうでもいいことだ。

世の中は単純な二分の色分けではなくて、グラデーションがある。白から黒でも、赤から青でも色は連続的に変化している。デジタルの0と1のように2つのうちの1つとは限らない。

しかし事件や不倫が起きるたびにマスメディアは相手を思いっきり攻める。「これでもか！」と質問攻めにして、その姿を世間に晒《さら》す。

これは「溺れる犬は棒で叩け主義」もしくは「溺れる犬は石もて打て主義」なんだろうか？　手を差し伸べたあと、自分が巻き込まれて被害を受けないように、敗れた敵を徹底的に打ちのめすことがそこまで必要なのかと思うようなニュースによく出会う。大概こういう時は相手からの攻撃ではなく、「身から出た錆《さび》」パターンで、そういうことが往々にしてあることなのにだ。

もちろん、起こった内容からして、悪意に満ち溢れ、ハッキリと被害者が出ていて、弱者が悲しみに包まれていたら、それは謝罪をするなり、法によって裁かれればいい。

しかし**もう少し、手加減や匙加減があってもいいと思う。ここに必要なのがグラデーションである。**

鹿児島県の喜界島出身の東郷晶子《あきこ》というシンガーソングライターがいる。２０１５年、私が吉本興業を辞めたあとニューヨークに住んで遊び呆《ほう》けていた頃、現地で偶然出会って以来の友人である。彼女をハーレムのジャズクラブに誘って出かけたら、目を真ん丸にしてひと言も話さずに黒人女性歌手の歌声にのめり込んでいた。

ここは考えて「ポッカーン」となっているわけではなく、感じたまま「ポッカーン」となっているわけである。

そんな彼女が詞と曲を書き、大阪を代表するＨＩＰＨＯＰグループ「ET-KING」のリーダー、いときんと一緒に歌った曲が『SII YA HAMBI』だ。残念ながらいときんは２０１８年1月31日に癌《がん》で亡くなってしまった。彼とは吉本興業時代に仕事を一緒にしたこともあり、彼の逝去は残念で仕方ない。この二人が残してくれた曲を「はじめに」の最後で紹介しよう。

私はこの本を書いていくなかで、みなさんに「共感力」を身につけていただき、良いコミュニケーション能力を持つことで、人生のパワーアップをはかる方法を示すつもりだったが、この曲を何度も聞いて方向が変わった。

あまり「しゃかりき」にならず、「スロー」に生きていきたいと感じたのだ。そのことが「共感力」を身につける近道と思ったのだ。**みなさんの内在する「共感力」や「感じる力」に自分自身が改めて出会うことによって、価値観は見直され、対人関係の面倒臭さも驚異的に解消されるはずだ。**

そしてそれは決してハードなワークなどではなく、スローに人間関係を築き、緩く生きていくことをも含め、この本は紛れもなくみなさんのお役に立てると信じている。これは百年以上に渡り「お笑い」を制作・販売してきた吉本興業で私が30有余年間、学んだからこそ書き上げられたものである。

なお、本文中の芸人や個人のみなさまのお名前は、敬称を略させていただいた。みなさまへの御礼とともに断りを入れさせていただきたい。

２０１８年7月

竹中　功

『SII YA HAMBI featuring いときん』　作詞：東郷晶子　作曲：東郷晶子／前田和彦

何もとりえが見つからなくても　そのままで大丈夫
みんなと同じこと出来なくても　そのままで大丈夫
テストで0点取ったとしても　駆けっこでビリッケツでも
弱虫でも　意気地なしでも　勇気なしでも　大丈夫！

Siiya hambi lay Siiya hambi lay Siiya hambi lay
ほら心配ない　そのままで　君のままで

君が本当は思っていること　間違ってないよ　大丈夫
嫌いなものは嫌いでいいよ　素直になっても　大丈夫
仲良しグループ　苦手な会話　ついてけなくても　大丈夫
一人だけポツンとしてても　友達なくても　大丈夫！

Siiya hambi lay Siiya hambi lay Siiya hambi lay
ほら心配ない　そのままで　君のままで

そのままの君を抱きしめよう
そのままの君に💮（ハナマル）を

そのままの君はスゴイから
もっともっと愛しましょう

そのままの君を抱きしめよう
そのままの君に💮（ハナマル）を
そのままの君はスゴイから
もっともっと愛しましょう!!!

Siiya hambi lay Siiya hambi lay Siiya hambi lay
ほら心配ない　そのままで　君のままで
Siiya hambi lay Siiya hambi lay Siiya hambi lay
ほら心配ない　君のままで　僕のままで
Siiya hambi lay Siiya hambi lay Siiya hambi lay
ほら心配ない　そのままで　君のままで

アルバム『Friends』より
＊「SII YA HAMBI」とは本人の造語

目次

EMPATHY

第2章

他人《ひと》に動いてもらうには「まず自分と」共感しよう

EMPATHY
第3章

他人《ひと》と共感するために知っておきたい大切なこと

EMPATHY

第4章

こんな人とは、共感しなくてもいい!

EMPATHY
第5章

他人《ひと》と共感して動いてもらうための"竹中流"イロハ

EMPATHY
第6章

他人《ひと》ともっと共感するための"竹中式"テクニック

カバーデザイン◆萩原 睦（志岐デザイン事務所）
カバー・本文イラスト◆ヨシムラヒロム
本文デザイン・DTP◆初見弘一（TOMORROW FROM HERE）
企画協力◆高本昌宏（RIGHT HERE RIGHT NOW）

EMPATHY

第1章

他人《ひと》も自分も「気持ちよく動く」カギは、共感する力だ！

EMPATHY 1-1

あれこれと難しく考えない
——考えることと感じること

◉心のキャッチボールは上手くいっていますか？

私は、良いコミュニケーションができていることを「心のキャッチボールが上手くいっている状態」と話している。

他人の気持ちを感じとり、他人と「共感」し合える部分が見つかった時、いい人間関係ができ、ひいては、いい仕事ができていた。ここでいう「共感」とは、意思の疎通がうまくいき、心や気持ちが通い合い、お互いのことを理解して、相手のことを好きになって、自分のことも好きになってもらうということだ。

この「好き」は「信頼」に置き換えてもいい。承認を求める欲求を満たしてくれるのがこの「共感力」だといえる。そして**その力があればヒトが動き、モノが動くのである。**そんな空気の読み方、感じる力を手に入れる目的がこの書である。

◉いま一度「考える」ことについて考えてみる

サラリーマン時代の私も同僚も「考えること」を大事としていた。そんなセリフは先輩から後輩に、上司から部下へ、親から子へといい伝えられているような気がする。

しかしいくら考えたからといっても、いい結果が出た時にしか褒められない。当たり前のことだがよく考えるということは、良い結果を生むための作業でしかない。もちろん、ここには「こっちさえトクすればいい！」といった悪巧みも含まれるのだが、基本、自分の都合のいいほうに働かせたり、危険から回避するために頭を使ったりする。

そこでいま一度、「考える」という行為の向こう側にあるものを探してみた。

いまの時代の働きかたは、成績を上げ、上司に褒められ、（「株主のため」という声はあまり聞こえないが）会社に奉仕するというだけではなく、現実は自分自身の成長や達成度を高めたり、満足感を手に入れたり、他人に承認してもらいたいというようなことなどに重きを置くようになってきた。そういうところに特徴がある。

誰もが「成功」を手に入れたいという願望があるのだろうが、どうも「成功」は最終目標でもないようだ。もちろん、ラクしてお金がたくさん入ってくることには大賛成だが、お金がその手に入るまでの経緯や方法のほうが大事だといえる。そのプロセスが充実していれば、その結果、上手くいかなくってもまたやる気や次なる夢は残るというものだ。

そういう時代では、考えに考え抜くよりも、人と人の関係や自分の満足などを「感じる」ほうが大事なのでは、と私は思うのだ。

◉あえていいたいこと……考えずに感じろ！

「考えずに感じろ！」ということで、いままで、誰ひとりとして「考えなくっていい」なんていってくれなかったので、あえて私はいいたい。

「Don't think! Feeeel!!」

これは1973年に製作されたカンフー映画『燃えよドラゴン』のなかで弟子に稽古をつけるブルース・リーのセリフだ。

実は本書には「考えること」に関しての参考になるような方法や術は一切書かれていない。

先に伝えておくが「考える技術」や「考える方法」「考えるヒント」「考えかた」などはほとんど載っていない。そうしたコツもノウハウも載っていない。

ここに書いてあることは、実は誰もが説明しにくかった「共感力」だ。

欲しいものは「共感」。そのために身につけたいことは「空気を読む」力だ。

そこにフォーカスして「直感力重視」の「動物的感覚」や、「ＪＫ」のいう「ＫＹ」とのつき合いかたを扱ってみた。

その原点は、私の高校の世界史の清水睦夫先生から「新大陸発見というてるのは、しょせんヨーロッパから航海してはった人の目線やからね。元々その土地に住んでた人から見たら『一方的に発見て何ですのん?』というてはったわ」と教わったことだ。

それに加えて、私が吉本興業のプロデューサーとして35年ほど、ヒトを笑わす芸人の裏方として彼ら彼女らを支えてきたことから得たものから来ている。

演芸場の舞台に立つ芸人は、己を知り、相手を知り、空気を読み、出番の順番の流れのあるなかで、自身の最上の「お笑い」を提供する。

これは、いまよくいう「Lateral Thinking（水平思考）」が完全に応用されているといえる。

ある本の解説によると「Logical（論理的）ではなく、簡単で自然な創造的思考法を通じて、新たなアイデアを生み出す」とある。

確かに「お笑い」は一般常識や論理をぶち壊すからオモロイのである。**あれこれ難しく考えることをやめてみようではないか。**

例えば4つのミカンを3人で分けるという質問があった時、「割り切れない」と嘆くあなたは論理派といえる。

さぁ今日からは、人生を「大喜利」のようにとらえ、楽しんでみるのはどうだろうか？

EMPTHY 1-2

そもそも、良いコミュニケーションとは？——まずは自分と共感する

◉他人を尊重すると良いコミュニケーションになる

「良いコミュニケーション」のことを、「心のキャッチボールが上手くいっている時」と先に書いたが、そのことを説明しよう。

そもそも**コミュニケーションは「感じる力のやりとり」ということができ、これこそが「共感する力」なのだ。**

楽しいキャッチボールを続けるには、相手を尊重することが必要だ。そして信頼し合うことも必要だ。他人に受け入れてもらいたければ、こちらも他人を受け入れなくてはならない。受け入れられないのなら、他人も受け入れてくれない。キャッチボールが成立していないということだ。

そして、もちろんそこには他人の力量に合わせて手加減をするということを忘れてはならない。キャッチボールが上手くない相手なら、思いっきりボールを投げてはいけない。怪我をしてしまう。また、捕れるわけもない方向に投げて「受けられへんの！」といったらキャッチボールは続かないし喧嘩になってしまう。

ここで楽しんでキャッチボールをするという行為は、相手を愛するということだ。相手を尊重して、愛を持てば「共感力」は向こうからやってくる。

◉まず自分を愛せるかどうか

ここで肝心なことは、まず先に自分が自分を愛することができているかどうかである。愛するということは自分にやさしくするだけではない。厳しくしなければならない。まずは自分をしっかりと観察し、いいところや悪いところを見分ける必要がある。

自分を知り、自分を愛することを身につける。そしてそれに気づいて、それができたら他人を知り、他人を愛することができるようになる。

「まず自分に共感」することこそ、重要な「共感する力」と私は思っている。

自分を知る。他人のことを考えるのではなく感じて知る。同様に、他人と自分の快楽と苦

悩の違いを知る。そうやって「共感力」を身につければ、少しずつ他人ともいい関係になることができる。

ところで、「考えるな！」というぐらいだから、実際、考えたらどうなるかを考えてみた。すると次ページのようなことが頭に浮かんだ。

どうも「考えること」は必要なことのようだが、あまり楽しいことが浮かんで来なくて悲しい気分になった。そこで明日が楽しくなるように考え直してみた。

その結果、「どうも、考えようによっては明日はいい日になりそうだ」ということになった。**でも、これは考えたから起きたことであって、そもそもは考えなければいいのだ。ただ、自分をありのままに感じることが重要だ。**

このように自分を「感じる」ことができたら、自分とのコミュニケーションが上手くいく。そして、他人との関係も上手くいくようになる。自分に「共感」できているわけだから、進んで他人との「共感」も手に入れようと心理は働く。

他人の心を開き理解し合う「共感する力」は、考えすぎずに感じる力を高めることで手に入れることができる。考え抜かないで、いま自分が何を感じたかを自分のなかに記憶していくことで鍛えられるのだ。

図1　明日が楽しくなるかは自分次第

よく考えてみると

・昔のことが気になって仕方がない
・反省しきりな毎日になる
・明日や将来のことが心配でならない
・悪口や不満、うしろ向きの話に花が咲く
・それらによってストレスが溜まる
・失敗が怖いので行動するのを躊躇してしまう
・ひとりぼっちになるのが怖い　・陰気になる　・友人が減る
・ひらめきやインスピレーション力が落ちる

それを明日が楽しくなるように考えてみると

・明日何が起こるか分からないので、ワクワクして仕方がない
・「明日があるさ！」と唱えて楽しい毎日になる
・明日や将来のことがドキドキハラハラでならない
・夢や希望、妄想話に花が咲く
・それらによってストレスがなくなる
・ラッキーが来るかもしれないので早く明日が来て欲しい
・ひとりぼっちでもいい、また友人もできるだろうから
・陽気になる　・友人が増える
・ひらめきやインスピレーション力が増す

◉まず己を知り、次に他人を知る

孫子の言葉を借りれば「彼を知り己を知れば百戦殆《あや》うからず」といったところだが、私の経験からいえば、まず己を知り、他人を知るという順番であって欲しい。**自己分析をして、自分の実力や力量を把握し、本当の自分を知る経験をした者こそが他人を知ることができるといえる。**

別にこれは戦いの場面だけをいっているのではなく、他人とか男女間の関係にとっても非常に有効なものでもある。

しかし「己を知る」ということは、なかなか難しいことだ。自己分析を進めると、ついつい過小や過大評価の二つが出てしまい、そのせいで真実の自己の認識から遠のく。

過小評価をしている時は行動が消極的になるし、逆に実力を過大評価すると大きな過ちに繋《つな》がることがある。過去のリーダーの失敗はこの誤った分析、実力の誤認識によることがおおいにあったはずだ。

「コミュニケーション」を上手にできるようになるには、どうやら考えるより感じるほうがいいようだ。

EMPATHY 1-3

コミュニケーションの現場で起きている変化
――共感するための距離感を大切にする

◉コミュニケーションがなくても生きていける?

最近よく聞かれたり、質問されることにこういうものがある。

・私はコミュニケーション力がないので身につけたい。
・もっとコミュニケーションをうまくとれるようになりたい。
・コミュニケーションが必要ない部署で働きたい。

これらは、他人に心を開いてもらい、対話をして、良い人間関係を築くには、「コミュニケーション力」が必要だという認識からだろう。**私も他人の心を開くには両者に「共感する**

力」が必要だと思っている。どちらかが拒否したり、投げた言葉に対してイヤイヤ返してきたら、こっちまでイヤな気になってしまう。

自分自身が「コミュ力不足」を嘆き、それを上手になることを望むのならまだ応援のしがいもあるのだが、いまの時代、驚くことに「コミュ力の不要な場所で生きていきたい」という人たちが現れはじめてきた。

「コミュニケーション」をとることは、そんなに難しくないので逃げなくっていい。人間とつき合うのはそんなに難しいものではないからだ

ボクシングのマイク・タイソンではないのだから噛みついてはこない。人との距離はあなたに合った適当なもので構わない。人それぞれ違って当たり前だ。

◉コミュニケーションの現場が変わった

友人に聞くと、彼の職場では、同じフロアにいる先輩に直接話しかけに行かないで、メールで連絡してくる若い社員がいるそうだ。

昭和の時代も内線電話があったのでそれと一緒のことなんだろうが、合理的だしそれでいいといえばいいのだが、やはり握手と一緒で、部下から上司への内線は少々失礼な時もあっ

た。歩いていくのが遠いのでしんどいのだろうか？

なかには取引先の人とのやりとりでも、「先方の担当者、いま会社のデスクに戻ってはるから、すぐ電話してや」と先輩がいうと、「それってメールじゃダメですか？」と若い社員が答える。先輩にすれば「いま調度、相手が電話もとれる時なんで電話して！」と命令しているのに、「メールじゃダメですか？」と返ってくるので、呆れてしまい、それ以上いうことを諦めてしまうのだそうだ。

私は「メールやチャットもＳＮＳも優れたコミュニケーションの手段だ。しかしそれより**上等なのは『生の言葉』を交わすコミュニケーションなんで、できたら会って話す。会えない時はせめて電話で話す**」ということを勧めている。

だから電話ができるタイミングがあるのにメールで済まそうという人には、残念な気持ちになるのだ。

◉シンプルでかつ大事な「直接対話」

そしてそのコミュニケーションのなかで一番シンプルなものが「直接対話」である。

単純に「会って話す」ということである。だから会える時間が合わないとか、二人の距離がありすぎると（直接）対話はできない。昔はそれを繋《つな》げるための通信手段として狼煙《のろし》を上げたり、手紙ができてからは伝書鳩を使ったり、飛脚や馬が走ったりするようになった。例外だが、相手を特定するものでもなく、空き瓶に手紙を入れて、栓をして海に流す「漂流通信」というものもあったりした。

そういったコミュニケーションの歴史のなか、いまとなっても「直接対話」ほど有効なものはないといえる。**「直接対話」は、交わす言葉以外に多くの情報が手に入る。**それは他人の体調から服装や立ち居振る舞い、髪型の変化など。少し話せば主題以外に家族のことや仕事の調子、この先の予定などの情報まで手に入る。**この主題以外の情報が入手できるということが大事なのだ。**

コミュニケーションには必要なことと不必要なことが混在する。それでいい。コミュニケーションにもグラデーションがあるものだ。もっといえば、現代は曖昧さの必要性というのがどこか行方不明になってきた。**はたして世間話や無駄話はそんなに必要がないものなのだろうか？　お互いに「共感」探しをするのに一番いいのは、そうした話も含んだ「直接対話」だといえる。**

そしてそれが叶わぬ時はせめて「電話」で会話をして欲しい。忘れてはならないのが「生の会話」の良さである。「直接対話」に続いて、「電話」も主題以外の情報交換ができるコミュニケーションであるといえる。
かくいう私は「直接対話」と「通話」の両方を駆使している。というのは「ここ!」というところは普段の大声のほうがコミュニケーションをとるのが早いからだ。

◉相手との距離感を意識する

いまや「コミュニケーション」とは当然SNSをも含めた「人間間」のやりとりである。もう直接会話を交わす対話だけでなく、スマホを介して、絵文字やスタンプを送り合うことだけで、言葉抜きでも「コミュニケーション」は成立しているといえる。ただし、**コミュニケーションには色々な手段があるので、それぞれの特性をよく理解し、使い分けて欲しい。**

ところで、「人間間」と書いて思い出したことがある。車に「車間距離」があるように人間にも「人間間距離」というものもある。字面には違和感があるが、これは「パーソナルスペース」や「対人距離」ともいわれ、他人に近づかれると不快に感じる距離や空間のことである。

これを米文化人類学者はエドワード・ホールは「密接距離(intimate distance)」「個体距

離（personal distance）」「社会距離（social distance）」「公共距離（public distance）」というように、相手との関係と距離感を4つに分類している。

私は大阪人で、普段から声が大きいから、あまり相手に近づかなくってもいいはずなのに、私はよく相手から「近ッ！」といわれる。私にとってはコミュニケーションをとる相手が自分に近づくことを許せる空間（心理的な縄張り）や距離を自然に近くすることで、「共有感」を深める方法をとることが多いだけなのだ。

共感できたから近づくのではなく、共感するために密接距離に入って行くのである。これはひとつのテクニックと考えている。

ただこれは誰でも彼でも使えるというわけではない。初めて会った人であっても、アイコンタクトで「距離を近づけてもいい？」というサインが出ていたり、握手をしたまま相手を自分のほうに引き寄せたり引き寄せられたり、近づいた二人の「共感」を強く確認できればの話である。

EMPATHY 1-4

「笑い」がなくてはコミュニケーションではない
——笑いがもたらすいい関係

◉コミュニケーションには「笑い」が必要

私の持論である。

「笑いがなくてはコミュニケーションではない」ということで「笑門来福」だ。

大阪府東大阪市の枚岡《ひらおか》神社では毎年年末に新しい注連縄《しめ》を鳥居に掛けるが、その時、その下で大声で笑い倒すイベントがある。これは「注連縄掛神事（通称：お笑い神事）」と呼ばれ、「1年間の色々な出来事とともに笑い笑って心の岩戸を開きましょう」というものだ。

宮司さんの厳かな笑い声（?）に始まって、ついには巫女さんも参拝者も全員が境内で笑い倒している。動画サイトにもあがっているので見てもらいたい。見ているだけでこっちまで笑えてくる。「笑い」は「笑い」を誘うのだ。そして色んな不安も忘れさせてくれる活力の源でもある。

そういう意味でも、**コミュニケーションの話題のなかに「面白い」ことや「笑える」ものが含まれると、良い人間関係がスピーディに築かれる。**

ぜひ進んで、笑顔で話し、進んで笑うことをお勧めする。その「お笑い神事」ではないが、無理矢理でもいい。笑いはじめると、本当に楽しくなってくるものだ。

◉最近、笑っていますか？

色々な場面で講師などをしている時に「最近、声をあげて笑ったことがありますか？　それはどんなことでしたか？」などと質問する機会があるのだが、総じて男性は「最近、笑ってませんね、この20年ほど」といって私を笑わせてくれるが、実際に聞くと、「本当に自分の子どもが小さい時に笑ったぐらいかな？」などという。声をあげて笑った記憶がないそうだ。

対して女性陣はさすがによく笑っているようだ。

「スーパーのイケメン店員をおだてて値切ったんよ、アカンかったけど」と、ある女性が笑いながら話していた。先日、私が見た風景だが、大阪駅前のデパートで「孫にランドセルをプレゼントしたいねんけど、一番安いのなんぼ？」って聞いたおばちゃん二人、「6万円ほどのが人気ですね」と答える店員さんに、「私でもそんな高いカバン、持ってへんわ」といって、現物も見ずに笑いながら去って行った。恐るべき大阪のおばちゃん。値段を聞くのはタダ、笑って済ませる。女性はいつでもどこでもよく笑うのだ。

◉楽しい気持ちは共感を生む

「お笑い」を定義すると何ページあっても誌面が足りないのだが、「他人と話す時に面白いことをいう。失敗談をする。ユーモアを織り込む」などがあれば他人に楽しい人だと思われやすい。

この**「楽しい気持ち」は安心や信頼、そして共感できる人という認識を持ってもらえ、他人との距離がすぐに近くなる**のだが、声を上げて笑うということは脳内麻薬ともいわれているエンドルフィンの分泌を進めるそうだ。これは脳内の内在性鎮痛系に関わり、多幸感をもたらすといわれている。

何なら吉本興業の芸人のギャグをいってみたり、ちょっとおっちょこちょいなことをいっておどけてみせたり、たまには小さな失敗やもの知らずの自分を恥ずかしがらずに見せたら、親近感もわき、「誰にも失敗はある」という共感も覚えられる。
実は私は、野球やサッカーなどのスポーツに疎く、最近までまだ巨人軍の監督は原さんだと思っていた。サッカーのＪリーグがどうやってＪ１からＪ２に落ちたり上がったりするのかというルールも知らなかった。知っていることといえば野球は１チーム９人、サッカーは11人でやるということぐらいだ。

ミスや失敗を「自分は知らない」と照れずに認めることは、いい「自己表現」だといえる。立場が上の者であろうがなかろうが、弱点をさらすことによって人間味を感じとってもらうことは、知識やいいところだけでなく、無知や失敗をも表現して共感を呼ぶ。

そういう意味でも、必要や不必要を問わず、会話のなかに「笑い」があることはとても意味があるのである。知らないことは知った人に教わればいいし、興味があることに出会ったら何歳になっても学習をすればいい。

◉緊張の緩和で「笑い」が生まれる

私が大学生の時、ある雑誌のインタビューで二代目桂枝雀に直接お会いした時に聞いた**「緊張の緩和があった時こそ笑いが生まれる」**という理論は、吉本興業に入社後、何度も目にした。

「お笑い」は舞台の上でまず「緊張」を設定して物語を進め、その後、「緩和」を与えて、オチをつけるということが多い。

そういう意味ではダウンタウンの年末恒例『笑ってはいけないシリーズ』においては、タイトルからして「笑ってはいけない」のである。ということはそういう緊張感のなか、色んな芸人やタレント、俳優やスポーツ選手らが笑いの刺客人として登場し、まさに彼、彼女らが「緩和」の役割を担っているというわけである。

◉お笑いをネタにしよう

そこで私なら、何か共通の話題でもネタにして、関係を柔和にしていくだろう。吉本興業に長年勤めたからというわけではないが「お笑い」をネタにするといいと思う。

「最近、どのコンビの漫才が好き？」

「吉本新喜劇では誰が好き？　どんなギャグが好き？」

「花月で生の漫才や落語、見たことある？」

なんてことから会話を始めると、人間間の距離が縮まり、一緒にいて楽しい人物だと認識が変わるようになる。

この「楽しい人間」と思ってもらうには、政治や経済、歴史などの話から入ってもなかなかたどり着けないが、**「お笑い」の話題からだと罪もないし、楽しい話題を話すわけだから、楽しい会話になり、ひいては「楽しい人間像」が感じとられ、良好な関係を生むことになるのだ。**

EMPATHY 1-5

「共感する力」とは「相手の気持ち」と寄り添うこと

——寛容さが共感を生む

◉対等なコミュニケーションが大切

相手の気持ち、すなわち受け手の感情をどうやって感じとれるかは難しいところだが、そこは非常に大切なことである。

「選択権は自分にある」という感情は誰にでもある。ある意味、相手より優位に立ちたいという心理から来ているもので、逆にいうと**「相手に選ばれると不快になる」「相手に時間の制約をされると耐えられない」という法則を覚えておけばいい**。行列のできるラーメン屋には進んで並ぶのに、ファーストフードに買い物に行ってカウンターで待たされると少しの時間でも我慢できずに腹が立つことなどは、この例である。

「お客である私をこんなに待たせて！」という、自分の時間を相手にとり上げられる嫌悪感からの感情だ。自分の時間や思考を人にコントロールされるほど不快なことはない。**良いコミュニケーションでいうなら対等な立場で、共感し合えることが理想なのだ。**にもかかわらず意思が疎通せず、一方的に命令をされたりすると気分が悪くなる。交渉もなく集合時間を決められたり、何時間以内に仕上げろという命令も気分が良くない。ひと言、相談でいいので、気づかいの声がけがあれば大分と様子は変わるのに、である。

◉相手の立場に立って感じてみる

これは私の専門分野でもある「謝罪」でも同じことがいえる。私は吉本興業時代に広報の担当を長くしていて、幾度も芸人の不祥事の謝罪会見の現場をとり仕切った。その経験からいうと、事故が起こった時など、加害者が「これぐらい謝ったからもうええやろう」「もうそろそろ許してくれはるやろう」というのは大きな間違いである。答えを出すのは被害者であるのだ。

加害者が勝手に答えを出す時には謝罪は成立せず、泥沼にはまる。加害・被害者の関係にあるにもかかわらず、勝手に優位な目線でものをいうからダメなのだ。そうならないためには、**自分本位に立つのではなく、相手の側に立った視点が大事である。相手の気持ちを察し**

たら、どういう行動をとるかが見えてくる。

共感する時、その寄り合う距離や体温などをどのように伝えるかであるが、ここは敵対でも攻撃の対象でもないわけだから、好意を持って理解を求めてコミュニケーションをはかってみよう。**相手の立場に立って感じることができているかをつねに確認してみるのだ。**

相手の立場・気持ちを感じて共感しようとすれば、自分が本当に感じている本心に出会える。

先日もこんなニュースをテレビで見た。

万引きの多い店で、あまりにも困り果てた店主が、犯人らしき人物にモザイクをかけた写真を店頭に張り出した。抑止力となると考えたからだ。

街の声を聞くと「写真の人物が間違っていた人ならどうするのか、人権蹂躙《じゅうりん》、人権侵害だ」という声と「私が店主だったらそうするでしょうね」という声に分かれた。報道機関だから双方の意見を流すといったところからだろう。

万引きされる被害者の感覚からすれば、万引きは許せないので、いまできる防止策はこれだったのだろう。どちらの意見も正しいと思う。大切なのは、相手の立場に立って感じてみてほしいということだ。そうすれば答えが見えてくるように思う。まぁその前に、「万引きをするな！」と大きな声でいいたい。ちなみに私が釈放前指導教育で通う刑務所の受刑者の3分の1は窃盗や万引き犯だ。

◉寛容さが大切である理由

共感して相手に寄り添うには「寛容さ」が大切だ。

吉本興業勤務時代には吉本新喜劇の担当をしたこともあるのだが、お気に入りのギャグがある。オールバックの髪型で、真っ黄色のスーツを着た借金取り役のアキのギャグだった。

舞台に登場したアキは、相手の茂造じいさん（辻本茂雄）に向かって、

「早う、借金を返さんかい！」と大声でとり立てる。

茂造じいさんは返せるお金がないのだが、何度も何度もアキに詰め寄られた挙句、たまらなくなった茂造じいさんが「すいません！」と大声で謝罪する。

そうするとアキは突然、優しい声で「いいよぉ」と許してしまう。

周りが「いままであんなに怒ってたやん⁉」などというと、アキは「おじいさんがああやって謝っているんだから、いいよぉ」と許してしまう。

図2　寛容さは人をハッピーにする

この「謝罪」と「寛容」のキャッチボールのギャグが私は大好きだ。

聞くところによると、小中学校の生徒の間では、このギャグのおかげでいじめが減ったともいわれている。その場ですぐに謝ることと、それをすぐに許すという行為が、とてもメリハリが効いている。ギャグを真似て楽しむことによって優しさがとり戻されるのもいい。

笑いの持つ、そんなパワーを借りることで「共感」を得ることができるギャグといえよう。

吉本新喜劇では、デブやちび、ハゲなど身体の特徴をネタにしたギャグが多く、よく学校関係者や親御さんからクレーム電話があり、叱られたこともあったが、このように相手が詫びた時に、「すぐに謝っているのだから許してあげよう」という、謝罪を寛容に受け入れる「いいよぉ」というギャグで吉本新喜劇が褒められることになるとは、思いもよらなかった。

そんなちょっとした言葉のキャッチボールといえばそれまでだが、「いいよぉ」と許す心が育まれ、いじめが減ってきたといわれたらこれほど嬉しいことはない。

EMPATHY

1-6

どうしても共感できない人はイッパイいる
——共感できる人と共感できない人の違い

◉人間関係と共感力の関係

そもそも他人と仲良くできない原因の解明をしておく必要はある。なかには家族なのに何年も同じ屋根の下で暮らしながら、長い間、ひと言も話していない関係もあると聞く。人との関わりは家族や友人、先輩後輩や地域住民、国民と広がっているのだが、全員が全員理解し合えるわけではない。そもそもそれができていたら戦争もないはずだ。

ここでは個性や権力、欲望や欲求がぶつかり合うわけだから、色々な歪みも出てきて当然なのだ。**何もそれを自分のせいにする必要はない。ある人と分かり合えないことと自身の共感力が弱いこととは別ものと心得る必要がある。**

法に背いたりせず、コンプライアンスを遵守している範囲内なら、あとはぶつかり合っても仕方ないのが人生だし、それが世間だ。

◉なぜ仲良くなれないのか

人は様々な人間関係のなかで持ちつ持たれつ、支え支えられて生きているのだから、仲良くないままでいるよりは、仲良くできるに越したことはない。まずは、なぜ仲良くなれないのだろうか、少し例を挙げてみると次ページの図のようになった。

どれか当てはまっただろうか？　心当たりはないだろうか？

このように共感できない人がイッパイいることは何の不思議もない。**人それぞれの感情や個性が違う分だけ、共感できない人が多く存在しても不思議ではない。**

「なかにはこっちは悪くないので、向こうが謝るまで、仲良くする気はない」という人もいるだろう。私も分からないでもない。しかしそこはまぁ、その原因を解明し、仲直りの術を模索するのもいいだろう。まさに「承認」という欲求を満たす「共感」する力の使い時だ。

図3

「なぜ仲良くなれないのか」を知る チェックリスト

- ☑ 自分の考えの反対意見をいわれた
- ☑ 理由もなく怒られた
- ☑ 不利益を被った
- ☑ 迷惑をかけられたのに謝らない
- ☑ 逆に迷惑を掛けてしまったのに謝罪ができていない
- ☑ 性格が合わない
- ☑ 話が合わない
- ☑ 競争に負けた。あるいは勝った
- ☑ ハラスメントがあった
- ☑ 相手がジコチュー（自己中心）だ
- ☑ 嘘をつかれた
- ☑ 弁解やいいわけばかりいう
- ☑ プライドが高い
- ☑ ネガティブだ

◉どうしてもムリな時には離れるのもあり

例えば、原因を解明して、お互いが理解し合うまで話し合うこともあるだろうが、真正面からぶつかり合うことに抵抗がある人も多いだろう。

「話して済むなら、ここまで仲は悪くないやろ！」と聞こえてきそうだ。

ただし、少しでも楽しい気分になりたくなったら、詫びるべきポイントを絞り込んでそこで謝罪すれば良い。相手も同様に謝らなければならないところがあれば、そこで謝罪を切り出すだろう。そうなればもう仲直り、いい人間関係になっている。

他人を否定的に見ず、肯定的に見るようになると、当然、ポジティブな関係になっていける。他人の自尊心を傷つけないように、という気持ちで接していると、そのことが他人にも分かれば、他人も自分の気持ちを把握しようとする。そしてそこで「共感」しあう表現があれば、もう仲直りして、仲良しになれるはずである。

もちろんそこには人間のエゴがあり、なかなか他人の気持を汲みとれないこともあるだろうが、それも含めて「共感」してくれる態度があればやがて心は開かれる。

大事なことは他人のいいたいことをすべて聞く。次にはこっちのいいたいことをすべていって、相手にそれを聞いてもらう。これぞ「心のキャッチボール」である。

その時、**話の腰を折ったりせずに１００％本気で聞いてあげることが重要だ。１００％耳を傾けてくれるということで、他人は安心と信頼を感じとり、こちらの好感度もアップする。**

その時、「お笑い」をきっかけにして、考えかたや感じかたが似ているという感覚に出会うと、もうほとんど「共感」という安心感に満たされ、その頃には良好な関係になっているだろう。

ただし、「捨てる神あれば拾う神あり」といわれるように、神様でさえ色々いるわけだから、他人となると、**共感できない人もイッパイいることなんて当たり前だ。だからそんなこと気にしなくてもいい。他に気にすることがイッパイあるはずだから、そっちに気を回そう。**

自分にまで背いて生きる必要はない。誰かと一緒にいる時に本来の自分でなくなる「負の共感」を感じとることがあったら、即その場から逃げればいい。

自分の身は自分で守らねばならない。危険を感じたら逃げればいいのだ。

嫌な学校なら行かないほうが安全かもしれない。嫌な会社だからといって辞めにくいだろうが、働き方の改革や革命は自分で起こせるのである。あまり自分に無理をして我慢をして生きていくより、前向きに新天地を探してみるのもいいだろう。

EMPATHY 1-7

ベビーカーを押す母親の気持ちに共感できますか？
――共感できる時と共感できない時

◉何をして欲しいのか、何を提供できるのか

「共感力」を持てば赤の他人の気持ちを分かることもできる。

私はこの数年間、ある男子刑務所に「満期釈放前指導教育」の講師として毎月通っている。

そこで行っている「コミュニケーション」についての講義のなかで、**「自分を知り、他人を知る。他人を知り、何をして欲しいのか、自分は何を提供できるのかを伝えることが大切だ」**と話している。

そのなかで「自分を知り、他人を知る」ことを伝える時、朝の満員電車にベビーカーを押して乗ってくる若いお母さんにたとえて話している。

◉満員電車のベビーカーのお母さんの気持ち

まず、「東京や大阪で朝の8時の満員電車にベビーカーを押して乗ってくるお母さんの気持ちを考えてみよう」と切り出す。

刑務所に長い間収容されている彼らは、「自分に若いお母さんの気持ちなどが分かるわけがない」という顔をする。

しかし、ここで丁寧にその状況を話しながら、みんなにその様子を目に浮かべてもらう。大都会の朝のラッシュは予想を越えた状況だ。カバンが邪魔だ。携帯プレイヤーのイヤホンから漏れる音が気になる。痴漢に間違われたくないので、両手を上げて万歳スタイルの男性もいる。そんな緊迫した車両にベビーカーがやってくるのである。時によっては赤ちゃんも泣きわめいている。

それをイメージしてもらうのだ。

きっとそのお母さんの自宅にはベビーカーを積める大きな車も免許証も、その車を運転してくれる旦那さんや運転手もいないのだろう。移動の時間が午前8時ではなく、11時ぐらいの少し電車がすいた時間帯に移動すればいいのだろうが、それが叶わぬ理由もあるのだろう。

そんな状況をどんどん頭に浮かべてもらい、「そこに若いお母さんが『すいません。すいません』といって車両に乗ってきたらどうする？」と聞く。

多数の者が「どうぞ、どうぞ、と乗車を手伝ってあげようと思います」という。

「ほらほら、そういう気持ちになったのはお母さんの気持ちが分かったからやん。でなかったら、内心では『うるさいなぁ、邪魔やなぁ』なんて思っていたかもしれへんよね」と話すと全員がうなずく。

「これって、ジャズでいうとアドリブやね。ベビーカーを押してきたお母さんを見た途端、自分がどう動こうかに気づき、その結果、すぐに動いたんやもんね」

続けて「しばらくの間、我慢しようと思うよね。もし自分に子どもがいたら、自分の子どもだったら……と感じた人もいてるよね」と加える。

そして次に「乗ってくる時にお母さんが何もいわずにグイグイと入ってきたらどうする？」と聞き、「気持ちよく協力できないよなぁ」「うっとうしぃなぁという表情になってしまうよね」と私がいうと、みながうなずく。

こうやって話していくと、みんなで朝8時に満員電車に乗って来ざるを得ないベビーカー

図4　　他人のことを想像してみよう

を押すお母さんの気持ちを理解することができるのである。そのお母さんに共感できているのである。

その時、彼らは協力したくない自分がいることと「なぜ『すいません』のひと言もないのか、このお母さんは」と思ったことに気がつく。

この「すいません」という気づかいのひと言で、「共感」を呼ぶか呼ばないかの差が出ることを学んでもらえたのだ。

そしてそれは実際には気分良くいられたか、気分が悪くなったかの差だけである。物理的には何の損失もなく気分の問題だけだ。つまりこういう時のひと言の大事さを教えるのだ。

◉女子刑務所で共感した話

また、これはある女子刑務所に行った時に話したことなのだが、女子刑務所の訪問は初めてだったので、その日は「女子力」のいいところを思い出して話すことにした。

その日は仮釈放前指導教育の授業で、全員が早々に出所するというタイミングだったので、せめて励ましの言葉になればと思い、こんな話をした。

「男女は平等ですが、それぞれの特徴を理解することは大事です。最近、働く女性によく会いますが、彼女たちの目の前の課題（タスク）の処理能力は男性にない高いものです。男性は職場でいうと社長からの号令で、「あの山を目指せ！」「オー！」みたいなことで目標の設定があり、それにみんなでその目標に向かっていくという行動能力があるのはよく知っていましたが、女性は「あの山に登れといわれても、いまやるべきことがこれだけあるでしょ！」と目の前にある幾つものものを片づけられる能力に長けているといえるのです。それは「目の前のことに手もつけずに山を目指すなんてよくいうわね」という意味も含めています。それをおふくろの家庭料理にたとえたらすぐに説明がついたのです。

私なんぞの料理下手がたまにキッチンに立つと、自分の段どりの悪さに落胆してしまいます。味噌汁をつくったら食べたい頃には冷めてしまっており、また火をかけておいたら煮えたぎらせている。

炊飯器がどれぐらいの時間で炊きあがるのかさえも見ていないので、ハンバーグをつくったり魚を焼いたりして、おかずができたのにご飯がまだ炊けていないとか、惣菜も何とか用意したものを食べ終わって片づける頃に、電子レンジにチンした唐揚げが残っていたのに気づいたりで、ハチャメチャであります。

そんなに私は散々な目に会っているのに、慣れているとはいえ、おふくろは見事に「いただきます」という時にはそれぞれがいい塩梅の温かさでお膳に並んでいます。

それは女性の持つ目の前の課題をバシバシと処理していくアドリブ力で、これは男子にない素晴らしい女性の持つ処理能力の見事さだといえます」

こんな話をして「女子あるある」に共感してもらえると、みんなの表情が明るくなる。それはとてもいいことだと思っている。

前科を背負い娑婆《しゃば》に戻り、ひとりの人間としてまた職に就き、なかには家族の元に戻る人もいる。私は彼女たちに少しでも前向きになってもらい、二度と罪を犯さないことを約束してもらうのだ。

矯正施設としての役割からいうと、私の話は少しずれているのかもしれないが、男子には女子の気持ちを推し量る「共感力」を、女子には自分たちでは気づかない特性を「共感」してもらったのだ。そしてこれは私と収容者との「共感」探しでもあるといえる。

EMPATHY 1-8

「Don't Think! Feeeel!!!」自分のなかにある「感じる力」と出会う

――共感したかったら、考えるな、感じろ！

◉考えるな、感じろ！

「ラテラル・シンキング（水平思考）」というのは「ロジカル（論理的）」ではなく、固定観念を捨てた、独創的な思考方法だそうだ。

私がその言葉を知る40年ほど前に出会った名台詞が、カンフー映画『燃えよドラゴン』（英題：Enter the Dragon）」のなかの「Don't Think! Feeeel!!!」だ。

主演はブルース・リー。この映画は、ある離島での武術大会にブルース・リーが招かれ、最終的に妹を自殺に追いやった犯罪組織のボスと戦うという作品だ。なぜか誰もピストルを持っていないので、最後まで素手で戦わなければならないというブルース・リーの最高傑作だ！

このセリフに40年ぶりに映画を見て再会し、新たな学習をさせてもらった。
それがカンフーを自分のお弟子さんに教えるシーンでの台詞だ。

Lee: Kick me. Kick me.
What was that? An exhibition? We need emotional content. Try again.
I said emotional content, Not Anger! Now try again, with me.
That's it. How did it feel to you?

Student: Let me think.

Lee: Don't think. Feeeel. It is like a finger pointing away to the moon.
Don't concentrate on the finger or you will miss all that heavenly glory.
Do you understand?
Never take your eyes off your opponent. Even when you bow. That's it.

そのシーンではブルース・リーが弟子にキックをさせてはその度にダメ出しをして、

「考えるな、感じろ！」

と教えているのだが、50歳もすぎた私はそこで「ガツン！」と一発殴られたような気分になった。

◉日頃から感じる癖をつける

それは大人になっていくなかで、「考えること」ばかり強要したりされたりしてきたことに気づいたのである。私自身も「考えて行動しろ」「営業計画はもっと考えて立てろ」などと部下にいい続けていた。

もう少し早くに気づけば良かったのだが、「感じる」ことを何処かに追いやって来た自分に気づいたのである。行動するにも計画するにも、ビジネスパートーナーや相手が「どう感じているか」なんて感じてみたこともなかった。考えれば答えが出てくるものだと信じていた。

人の大事な持ちもの「感じる力」から遠のいていた自分がいたのである。

それは60歳でも70歳でも80歳でも、男性でも女性でも、そんなのには全く関係なく、「自分との共感」を忘れていたわけだから、いま一度、そのための「感じる力」と出会う癖をつければいいということだ。

◉「考える」のではなくて「感じる」

人は「考えるな！」といわれても、脳は「考える」ことを休まないように訓練されてきていたように思う。しかし自分のなかにあったはずの「感じる力」を失ってはいけなかったのである。難問を前に、いつも考えることで乗り越えようとしてきていたが、どうも「感じる力」の重要性に気づくことを忘れていたのだ。

自分のなかにある「自分との共感力」が感じとれるようになると、今度は「他人との共感力」をもっと感じとりやすくなれる。

他人が何を考えているのかを考えるのではなく、他人が何を感じているのかを感じとるのである。それを知ることこそが、他人のニーズをはかり知れるというものだ。これはものを売買するビジネスだけでもなく恋愛関係にも適応できそうだ。

映画のなかでブルース・リーは、

「考えるな、感じろ！　それは月を指差す時、指だけを見ているようなもんや。指ばかりを見ていても栄光はつかめへんで！」

と続けている。

目標を手に入れたい時こそ、そのゴールの姿を想像して向かって行けというメッセージに私には感じとれた。

改めて自分との共感を求めるなら、この「考えるな、感じろ！」が大事だし、相手との共感を求めるなら同様に「考えるな、感じろ！」が使える。

いくら考えるなといっても、考えることは止められないだろうが、感じていない自分がいた時には注意信号を点滅させよう。

EMPATHY

第2章

他人《ひと》に動いてもらうには「まず自分と」共感しよう

EMPATHY 2-1

自分が知っている私と他人が知っている私
――他人と共感するには自己分析が必要

◉他人と共感するための自己分析①……過去、未来、現在の視点で

自己分析とは、自分を知ることに尽きる。この「自己分析」は「自己認識」でもある。

本当の自分を知るには「自分が知っている自分自身」と「他人から見た自分」を知る必要がある。それが全く違ったものだったりもする。見る人によって「神経質」だといわれたり「のんびり屋」だとか「せっかち」だとか。どれも間違いではない。それも相手が家族か友人かパートナー、幼なじみ、先輩、後輩などによって当然違うのだ。

この自己分析が「共感する」ことにとても役立つ。**他人に共感する前に、自分が自分自身と共感できないと、ことは前に進まない。自分を分からないものが他人を分かるなんて、到底無理なことだ。**

それでは説明していこう。過去、未来、現在の視点で簡単な自己分析をしてみよう。次ページを見てもらいたい。

これらをペンと紙に書き出していくことで、自分自身が見えるようになってくる。すると自分自身を褒めたくなるところもあるだろうし、嫌いなところに気づき、改善したいと思うところにも出会うことができる。もちろん気づきたくなかった自分に出会うこともあるだろうが、そこは逃げてはいけない。そういうところも含めて自分自身が存在してるのだから。

この作業が済んだら、この「自分」のところを相手の名前に置き換えて分析をする。そうすれば相手が見え、自然と「共感ポイント」を発見できる。

これらは自分をどこから見るのかということ、つまり自分の持つ視点を変えてみるということになる。第三者的な視点で自分を眺めてみて自分を知るのである。こうすれば自分が誰なのか、どんな人物なのかが見えてくる。先にこれらをすることで、今度は他人の人物像も見えてくる。そして初めてどのようなコミュニケーションをして、「共感」するのかを探せるのである。

この「過去、未来、現在の視点」の延長で、自分自身への長いインタビューを行う方法も

図5

過去、未来、現在の視点で「自己分析」してみよう

過去の視点 に立ってみる

・自分はいままで何をしてきたか？
・自分はいままで何を考えてきたか？
・自分はいままで何を感じてきたか？

未来の視点 に立ってみる

・自分は将来、何をするのだろうか？
・自分は将来、何を考えるのだろうか？
・自分は将来、何を感じるのだろうか？

現在の視点 に立ってみる

・自分はいま何をしているのか？
・自分はいま何を考えているのか？
・自分はいま何を感じているのか？

ある。それは81ページで説明しようと思う。

◉他人と共感するための自己分析②……5つの側面から

では、続けて角度を変えて自己分析をしてみよう。

自分から自分を見てどうなのか？　家族、友人や他の人から見てどうなのか？　などを5つの面から見てみよう。次ページを見てほしい。

ここでは「いま現在」の自分を解析し、今後その結果をどう活かすかが重要だ。それは仕事の上だけではなく、家族や友人関係も含めて、リニューアルした自分づくりに役立つ。これを知ることで他人との「共感」探しが一気にスムーズにできるようになっていくのだ。

◉他人が感じた「自分」も大切に

忘れてはいけないことは、考えるのではなく、感じた自分と忠実に向かい合うことだ。つい頭で考えていた「理想」と比較しようとするが、それは不要だ。ここでは直感で感じ

図6　5つの側面から「自己分析」してみよう

❶「身体的」側面

外見や表情はどう見られているのか

❷「知的」側面

自身の持つ知識の吸収力や将来の目標に
向かって可能性はどれくらいあるか

❸「感情的」側面

情緒バランスや気質はどうか

❹「人格的」側面

倫理や道徳観、人生論、哲学は
どんなものを持っているか

❺「社会的」側面

「他人がどう見ているか」と自身が感じているか

たことと向かい合うことだ。

感じた理由なんて原稿用紙にいちいち書かなくてもいい。言葉にして他人に伝える必要もない。

大事なことは誰かに伝えることではなく、感じるだけのことだ。感じることほど自分勝手なものはないのだ。誰にケチをつけられるものでもない。

感じることこそが「自分自身」であり、誰に否定されるものでもない。にもかかわらず他人の感じることにケチをつける輩がいる。傲慢な輩だ。他人が素直に感じたものを妨げ、自分が感じたままのことを認めさせようとする。アホな話だ。他人は他人。ほっといてほしい。

他人と感じたことを議論をするのはいい。自分を知るために他人が感じた自分の話を聞くこともいいことだ。参考にもなるし、刺激にもなる。自分が変わるための有益なネタは、他人の感じたことを聞くことによって手に入れることができる。もう少しいえば、自分のなかにあったはずの「忘れていた自分」に出会えることもできるのだ。

EMPATHY 2-2

自分の共感力を知るシートをつくってみよう
――SWOT分析で自己分析

◉自分で自分に共感することの大切さ

上手く生きるというより、楽しく生きるというには、やはり「共感力」を持っていると豊かさがアップする。家族や多くの友人に支えられていようが、孤独が大好きなタイプの人であろうが同じことだ。それは「共感」をするということは他人だけではなく、まず自分に対して「共感」できているかが重要だからだ。

私は、大学を出てすぐに入って35年ほど働いた会社を辞めてからこの数年間、楽しいことだけを考えるように心がけている。「私の妄想狂時代」の到来である。考えたり、感じたりは私の勝手なので、不安なことなど何ひとつなくなった。**「将来の不安」を排除した自分との「共感」である。**

共感力を身につけるには、笑い声をあげたり、物事をポジティブに考える癖をつけ、自分の力で明日を変えるつもりでいればいい。楽観的にいるか悲観的にいるか、それはあなたが決めればいい。ただし悲観的にいこうと決めたあなた、他人を巻き込まないでください。「不安」があるのならまず自分で片づけてください。

これほど自分を変える簡単な方法はない。

「気の持ちよう」だけでガラリと環境は変わる。

「それができたら苦労をしません」と、何度かいわれた。その通りだ。できない人は苦労をするしかない。しかし、それほど難しいことではないと私は考えている。

私は刑務所で、釈放前の受刑者に次のようなことを話している。

「競争率100倍と呼ばれる試験を受けます。その時あなたは、『100分の1ということは、100人中99人が落ちるんや、オレには絶対に無理やなぁ』と思うか、『合格か不合格かの2つに1つの確率だ』と思うか、のどちらにかけますか?」

すると、刑務所の収容者は楽なほうを選ぶので、多くの人は後者という。たまに勝負や博打好きの人で前者という人もいる。

そしてひと通りみんなの意見を聞いたあと、

「これって100分1ととるか、2分の1ととるか、その人の勝手なんですが、僕は2分の1をお勧めします。そのほうが合格の確率が高いもんね！　ポジティブに考えると、受かるような気がしてくるでしょ」

と話す。

ここは考えかたというよりか、感じかたの選択なのだが、「考えかた次第、感じかた次第」というのを学んでもらうのだ。

◉SWOT分析でつくる「自分の共感力を知るシート」

刑務所では自分の共感力を知る方法として「自分の共感力を知るシート」づくりもやってもらっている。ここでは企業で流行ったSWOT分析を使っている。

SWOT分析は、元々は企業や組織、プロジェクトの目標を達成するための意思決定、策定方法のひとつで使われている。それを自分自身に当てはめてやっているのだ。

これは4つのカテゴリーで分析することでプロジェクトのゴー・ストップなどの経営戦略

策定などに使うものなのだが、これを書き出せば、自分自身の反省や振り返りもしやすい。

彼らには、「目標」や「夢」「達成したいこと」を書き出してもらう際に、彼らにとって重要な「就職」「居住」そして「納税」をセットで考えてもらうことにしている。

「SWOT分析」とは以下の4つの言葉の頭文字をとって並べたものだ。

・強み（Strengths）……自分の強み
・弱み（Weaknesses）……自分の弱み、課題
・機会（Opportunities）……外部環境にあるチャンス
・脅威（Threats）……外部環境にある目標達成の障害

これを自分自信に当てはめてみると、自分がよく見える。例えば私が通っている刑務所ではこういう感じだった。

・「強み」（目標達成に貢献する特質）

健康体である

読書量が多い

図7

ＳＷＯＴ分析でつくる「自分の共感力を知るシート」の例

	強み	弱み
機会	健康体を活かして肉体労働に従事する	短気で飽きっぽい性格を克服してどんな機会も逃さない
脅威	周りが自分を認めてくれるか不安だが、読書などを通して勉強して人に受け入れられるように努力する	すぐに人に頼ってしまうので昔の悪い知人に頼ってしまいそうになるが、頼らないようにする

あきらめずに物事にとり組める
工場で身につけた技術力

・**「弱み」（目標達成の障害となる特質）**
教養がない
時間の使いかたがヘタ
すぐに人に頼ってしまう
短気で飽きっぽい

・**「機会」（目標達成に貢献する外部の特質）**
肉体労働力の不足
就労支援者がいる

・**「脅威」（目標達成の障害となる外部の特質）**
周りが私を認めてくれるか不安
昔の（悪い）知人が声をかけてくること

そしてこれらをまとめてクロス分析する。

かけ合わすとこうなる。「強み×機会」「強み×脅威」「弱み×機会」「弱み×脅威」の4つだ。では表にしてみよう。すると前ページの図7のようになる。

このように自分自身のことを書き出すことによって、問題点を発見しやすくなり、解決の優先順位をつけることができる。

あなたも自分の強み、弱み、機会、驚異を書き出してみて、「自分の共感力を知るシート」をつくってみよう。

図8

ＳＷＯＴ分析でつくる「自分の共感力を知るシート」

	強み	弱み
機会		
脅威		

EMPATHY 2-3

自分のコンプレックスとつき合う
――コンプレックスと共感の関係

◉コンプレックスを「笑い」に変える

コンプレックスって何だろうか？　これは精神分析する時に使われる概念なのだそうだが、心理学者のカール・グスタフ・ユングの定義によれば、「何らかの感情によって統合されている心的内容の集まりである」といい、ある事柄と本来は無関係な感情とが結合された状態であり、これを「心的複合体」とも訳す。

内容は「性的な抑圧」などから「優越感」や「劣等感」を重視するものがあったが、日本ではアルフレッド・アドラーの理論「劣等コンプレックス」を中心に置いて、多くの場合は対人関係の障害を伴い、この克服を通じて人格の発達が成立するとした「劣等コンプレックス」が一般的になったそうだ。

むかしは、「お笑い芸人」を目指す若者の多くは、その「劣等コンプレックス」を持っていた。家庭問題、学歴、学校の成績、職歴、資格、そして容姿も含めてのコンプレックスだ。そしてそれを武器に置き換えて舞台に立ち、テレビ出演などを目指した。

このことを自覚している者もいるし、他人から見てそうだと思われている者もいる。コンプレックスとの因果関係を調べたわけではないが、学校や家庭でいじめを受けた者で、お笑いの養成所にやってくる者も少なくなかった。それがいまでは実家が裕福で、学力もあって「お笑い」芸人を目指す者も増えた。時代が移り、価値観も変化し、多種多様な人たちが集まって来る。「優等コンプレックス」とでも呼べる個性を「お笑い」にぶつける者も出てきたような気もする。

そこで**何人かの役者や芸人に聞くと、自分の持つ悩みなどのコンプレックスを「笑い」に変えて他人に「共感」してもらうことで、苦悩からの脱出が図れたという。**

心的問題の解決にコンプレックスを逆手にとって、「優越した個性」に変え、舞台などで表現者として立つことでコンプレックスを正面から受け止めるというやりかたには、ものすごいエネルギーが必要だったと聞いた。

ただ「コンプレックス」が「お笑い」に変換しはじめると、実に精神的に「楽」になるのだそうだ。

◉コンプレックスを克服する

このことを彼ら彼女らに聞くと、

「不良番長にいじめられていたけど、クラスで吉本芸人のギャグを真似てみんなに受けたので、番長から仲良くしてきてくれて、いじめがなくなった。それが高じて吉本興業の養成所に入りました」

「不登校でずっと自宅にこもっていた時、自分の部屋でひとり、吉本新喜劇を見ていて、ふと気づくと声を出して笑っていた自分に気づき、そしてそれに驚き、私も笑いで人助けができるかもしれないと思って、吉本興業のオーディションを受けました」

というような経験があったそうだ。

実際に「笑い」が、人生の劣等を優越に変換してくれたようだ。

「笑い」の原点として、自らのちびやデブやハゲの特性をプラスに変えてネタにしていくというものがある。もちろんプロならではのなせる技ともいえるのだが、これでコンプレックス地獄から這い上がることができるというのも事実である。

これは「優等コンプレックス」を持つ者も同様のことを話していた。勉強で一番になることを強いられ、競争で敗北は許されず、親や先生のいうことだけを聞いて大きくなった若者が、「お笑い」の世界に飛び込んで来て殻を破るのだ。

コンプレックスがユングのいう「何らかの感情によって統合されている心的内容の集まり」なら、心的内容がマイナスな精神的なものであるとすれば、結局は自分自身の心的問題である。

もちろん、ここには他者からの侮辱、差別発言など、他人には理解できない苦しみもあるだろうが、自らを弱者と認識しようがしまいが、不安や怒り、悲しみや苦しみ、とどう向かい合うかは、自分を「自己分析」によってより深く知り、それらをいかなる方法で克服するかを知ることが大切で、つまりは「自分と自分との共感」が大切といえる。

コンプレックスを発見し、それを認めること。これも「それでええやん！」といった精神も必要だ。ここは自分を応援し、褒めてつき合えばいい。

さてさて、コンプレックスを探すとしようか！

EMPTHY 2-4

もっと自分を知るために「自分史インタビュー」をやってみよう
――過去、未来、現在の自分へのインタビュー

◉自分史でコミュニケーション能力をアップ

私は、月1回（4コマ）の刑務所での満期釈放前指導教育のなかで、「自分史を書こう」という講義を持っている。

社会復帰を前にコミュニケーション能力の乏しい彼らに、改めて、実社会でとても大事な「コミュニケーション能力」をつけてもらう稽古である。

「自分史」だからといって過去の記憶や思い出だけを書き並べるのではない。また「5年後は何歳？　10年後は何歳？」そんなことを聞いても仕方がない。よしんば「5年後、10年後はどうしていますか？」と質問したところで、「真面目に働いています」と書くだろう。間違っても「泥棒でもして1億円ほど手に入れ、寝て暮らしています」とは書かないだろう。

そこで、私の講義では、「自分史」を書くため、自分が自分にインタビューすることを教えている。

インタビューの意義や方法を話して、そのあと、実際に自分で自分にインタビューしてもらっている。

そもそもインタビューとは、相手に質問を投げ、それに関して返ってきた情報を収集をするものだ。遠慮せず、何でも具体的に質問し、本音を聞き出すのがいいインタビューだ。

悪いインタビューというのは、わざわざ会って話さなくてもいいような、配布された紙やチラシに載っているようなことを確認するだけのもののことをいう。会わなくても済む、手をぬいたインタビューだ。自分が興味を持てたことにインタビュアーがその場でツッコんでいくのが、いいインタビューであるといえる。

彼らには「いいインタビューをして、聞きとれたことを書いてまとめられたら、それがあなたの『自分史』になる」と伝えている。

この授業のキモは、私が彼らの聞き手になるのではなく、彼ら自身が聞き手となって自分にインタビューして、自分史を書き込んでいくということだ。

◉過去、未来、現在の自分にインタビューする

毎月彼らにインタビューしてもらう時は、まずは「過去の自分」にインタビューする。

自分自身が10歳から12歳ぐらいだった頃の少年に向かって、インタビューをしてもらう。

「今日は放課後、誰と何をして遊んだの？」

「この前の夏休み、家族とどこかに行きましたか？」

そして必ず聞いてもらうこととして、

「大人になったらどんな職業に就きたいの？」

というものがある。

いま世間では、誰に吹き込まれたのか知らないが「公務員になりたい」という子どもが多いが、刑務所にはほとんどいない。誰もが「プロ野球選手」「カーレーサー」「医者」「サッカー選手」「エンジニア」などと具体的に書いてくれるので、**「その理由はなぜ」**と私が追加で質問をさせてもらっている。

なかには「大人になったら大工さんになりたいと書いた人がいて、聞くと実際に家具職人になったということです。子どもの頃の夢を叶えているのですね。みんなで拍手！」

とはいえ、私はそこで加えてひと言。

「せっかくその仕事に就けたのに、いまここにおったらアカンやん！」

みんながここで笑う。「緊張の緩和」である。


続いては「未来の自分」にインタビューをする。

そこでは
「あなたが爺さんになって死ぬ間際です。誰に何を伝えたいですか？」

と必ず聞いてもらう。

ここでは**「感謝」**や**「謝罪」**という言葉が多く出てくる。まさに彼らの現在の心境が吐露され、本音を聞きとれるものだ。


そして最後は「現在の自分」にインタビュー。

「いま、どこに行って何をしたいですか？」

と聞いてもらう。

「大きい風呂に入りたい」「コンビニでアイスクリームを食べたい」「大型バイクで日本のグルメを巡りたい」など、みんな具体的なことを聞き出してくれる。

図9 「自分史」をつくるために過去、未来、現在の自分にインタビューしてみよう

❶ まず「過去の自分」（10歳から12歳の頃の自分自身）にインタビューをする。

必ず質問 「大人になったらどんな職業に就きたいの？」

インタビューで答えが出たら、「その理由はなぜ」と自分に質問する。

その理由を知ることで、働くということ、そして自分の現在の仕事への価値観がわかる。

❷ 続いて「未来の自分」にインタビューをする。

必ず質問 「あなたが爺さんになって死ぬ間際です。誰に何を伝えたいですか？」

この質問の答えでは「感謝」や「謝罪」という言葉が多く出てくる。
この答えからは、自分の現在の心境が分かる。

❸ 最後に「現在の自分」にインタビューをする。

必ず質問 「いま、どこに行って何をしたいですか！？」

「大きい風呂に入りたい」など具体的なことを聞き出そう。
多忙な日常のなか、立ち止まって自分の考えを知るということは大切だ。

自分史インタビューで顕在化した「不安」を人の前で話す。その解消方法を他人と話してみると“共感力のトレーニング”になる。

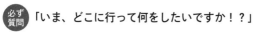

このように「過去・未来・現在」の3つの時代における自分へのインタビューに慣れてくると、他人への質問、他人からの質問にも順応していけるようになる。

この授業内容に親しんだ者のなかには、部屋に帰ったあとも、時間があったので寝るまで自分にインタビューを続けたという者もいた。「どんなインタビューをやったのですか？」と聞くと、

「中学に上がったらどんな部活に入りますか？」

「働き出して最初の給料でおふくろに何をプレゼントしますか？」

などと聞いたそうだ。立派なインタビュアーの誕生だ。

◉あなたの「不安」は何ですか？

そして、その次の授業では、**自分史インタビューで顕在化した不安を「話す」**ということを実施している。自分史インタビューを行ったあとに重要なのが不安の解消だ。その不安をテーマに、「不安を取り除くコミュニケーション」ということで、

「あなたの不安は何ですか？　それを教えてください」

と聞く。

「原因は自分にありそうですか？　誰か他人にありそうですか？」

と続けて質問する。

不安に注目すると、その人となりがクリアに見えてくる。そして共感力を高めるトレーニングにもなる。

それらをひと通り聞くと、

「上手いコミュニケーションがとれれば、それを解決してくれます」

と説明する。

実はここでは、**各自から出てくる「不安」の解消方法について、私ひとりが答えるのでは**

なく、隣りに座っている人にも意見を聞くようにしている。

面白いもので、他人の不安については上手く意見をいえるのに、自分が不安を述べる番になると、他人と同じ不安を述べたりする。

そういう時に私はひと言、

「いま、隣の人にはいいアドバイスしたのに、自分にはそれは当てはまれへんのかな？」

と聞くようにしている。

先日もこんな「不安」が出た。

「10年ぶりに実家に帰るのですが、妻や子どもとどう接していいのかが分からないのです。それが不安です」

そこで私は、

「自宅に帰るって決めたんでしょ。一緒に生活をすることを決めたんでしょ。時間もかけて言葉も選んで伝えるしかないと思うよ。隣のAさんはどう思う？」

そういうと、Aさんは、

「自分で決めたことなんで、努力するしかないと思います。前向きに考えるべきです」

というように「共感」する姿勢を見せる。

そして、Aさんが自分の不安を述べる番に回ってくると、

「家族や昔の友人に会うのが不安で……」

などと先の人と同じことをいう。周りはここでちょっと笑う。

漫才でいうと「何でやねん！」っていいたいところだ。

私もそこで、

「短い時間で解決策が見つかって、本人が納得するとは思っていない。ただ話すこと、聞くこと、考えること、感じることなどのコミュニケーションなどが『言葉』となって出てきて、それで共感し合えるのです」

と話す。

そして、

「やはりコミュニケーションは『助け合い』にもなるので、話すことや書くことについて上手にする必要はないので、『億劫《おっくう》』にならず、1歩だけでも前に踏み出していこう！　楽しくなるで！」

と共感を促すようにしている。

EMPATHY 2-5

吉本興業の芸人は誰よりも自分のことが一番好き
——自分を目一杯好きになろう

◉芸人養成所「よしもとNSC」設立に関わることに

少し脱線するが、芸人という生き方を少し見てみよう。

彼らは自分のことを誰よりも知っている。そして誰よりも自分のことを好きだ。売れている芸人ほどそのように感じる。

私が吉本興業に入社して半年目、1981年10月に芸人養成所「吉本総合芸能学院（よしもとNSC）」の設立という大役を仰せつかったのだが、当時の役員にすれば、「吉本の社員のなかで芸人をつくったことある者はおれへんから、誰がやっても一緒なんで、お前がやっとけ！」ということで、入社半年目の私が名誉あるミッションをいただいた。

当時テレビを中心に「漫才ブーム」がやってきており、東京で大阪発の「漫才」が大ヒットし、東京を中心に日本全国で吉本芸人が出まくった結果、芸人が日本中を走りまわり、大阪や京都の花月劇場の出番に芸人数が足りなくなり、「商品」としての芸人の製造を急がなければならなかった。そのために学校の設立となったのである。

養成所のスタッフになり、ほとんどお金もかけずに開校の宣伝と生徒募集に走り回った。その1期生の入学面接試験にやってきたのが、松本人志と浜田雅功の同級生や、元プロボクサー北村雅英、まだ女子大生だった西村美紀、おとなしいが芝居に興味がある内場勝則などといった面々だった。

彼らはみなさんご存知の通り、順にダウンタウン、トミーズ雅、ハイヒール・リンゴ、吉本新喜劇の内場勝則座長というように成功をおさめた。

私自身はもちろん、会社にも芸人を育てるノウハウなどあるわけがなく、稽古場にみんなを集めて、「みんなオモロイこと考えてや!」の一声から始まった学校である。

入社から2年目を迎えたばかりの私が現場監督みたいなもので、毎日毎晩、稽古場でウダウダとオモロイことを話したり考えたりしていた。

そのうちに島田紳助やオール巨人、明石家さんまも「オモロイ後輩はおらんかな」と養成所に顔を出してくれるようになり、1期生もヨチヨチ歩きながら漫才の真似事などをやりはじめた。

「お笑い」は基本も方程式もない芸能というジャンルだ。あるのは理論と目の前で突っ走っている先輩とお金を払って「お笑い」を買いに来たお客さんたちだけだ。先輩の芸を参考にするのか、盗むのか。ネタは原稿用紙に書いて覚えるのか、ノートにアイデアを羅列するのか。何がいいのか、何のやり方も、その方法もないまま動き出したのだった。

いまでも覚えていることは、みんなに「目指す夢は何や？」なんて話していたことだ。ある者は、花月の大舞台で早く漫才をやりたい。東京のテレビ番組に出たい。漫才で売れたらそのあとドラマにも出てみたい。バンド活動をやりたい。男子芸人なら女優やアイドルと結婚したい。ポルシェを乗り回したい。大金持ちになりたい。色んな夢があった。

逆に私も生徒から質問されたもんだから、「ボクはみんながいまいうた夢が叶うことや」、なんてええカッコをいってたものだ。

いまなら芸人の夢として、「Ｍ－１グランプリで優勝したい！」というのも加わっていることだろう。

◉吉本興業の芸人たちのこだわりとそれを支える努力

芸人は、職場が寄席小屋や劇場であろうが、テレビ局のスタジオであろうが、場の空気を読むことの天才である。というか、特に吉本興業の芸人は台本通りにしゃべらないのが特徴だ。吉本興業の芸人はその場の空気で、予定していたネタを変えるのが得意なのだ。

だからたまに、テレビの収録で、リハーサルと本番と違うことをやってディレクターに叱られることもあった。

変化を好むといえばそうだし、先輩や同僚の芸人の前でリハーサルでやったのと同じことをやりたくない、というこだわりの強いのが吉本芸人の特徴だ。

周りも「さっきよりもっとオモロイものを！」という光線を出しているので、同じものをやるわけにはいかない空気もある。

そんな腕を上げるのに最高の環境が吉本興業にはある。それが劇場の楽屋である。ひと言でいうと小屋に付随するただの控室のように聞こえるが、ところがものすごい環境なのである。

他の芸能プロダクションの社屋のことは知らないが、所属タレントがしょっちゅう会社に顔を出すとは思えないし、同じ事務所に所属しているといってもテレビ局などで顔を合わせてもどれだけ親しい話をするのだろうか？　吉本興業は全国に10以上の寄席小屋という劇場を持ち、当然そこには楽屋がある。そこには企業秘密とでもいえるほどの世界が広がっている。「楽屋」は決して単なる控室ではない。１日に舞台の出番が２度、３度とあり、その待ち時間を過ごすのが楽屋なのである。ベテラン芸人は個室、若手は数組が一緒になったりする共同部屋だが、その部屋の前に大きなスペースがある。

大阪のなんばグランド花月（ＮＧＫ）だと全部で20人ほどがくつろげるソファーがあり、その横にはでっかいテレビが置いてあり、熱帯魚の水槽やドリンクの販売機もあったりで、銀行のロビーのようでもある。実はここは新人からベテランまでのお笑いのモンスターが勢揃いしているコミュニティゾーンとも呼べる場所だ。

吉本興業の芸人の世界では入門や初舞台が１日でも違えば先輩は先輩ということで、「にぃさん」「ねぇさん」と呼ばれ、それ以上の大物には「師匠」「大師匠」などの称号が添えられる。しかしその立場と、当人が売れている売れていないには何の関係もないのである。

いくら後輩が年間に数億円を稼いで、テレビも全国ネットの番組に出ていたとしても、後輩は先輩に「珈琲、おごってくださいよ！」とおねだりしても構わないのである。その時は「もぉ、わしの10倍も１００倍も稼いでいるのに！」「全国ネットのテレビなんかこの何年も出たことがないわ！」などと愚痴りながら先輩は後輩たちにご馳走するのだ。たまたま楽屋にいたデビューして間もない若手芸人なども、「いただきます！」などと声を上げて、おこぼれ頂戴の姿もある。

実は楽屋は、この芸人独特のコミュニティのなかで面白いことを語り合ったり、自慢話を聞いたり失敗談を話したり、毎日数十数百の武勇伝が溢れているのだ。

私はここそが吉本興業の歴史百有余年の活力を支える原動力の集積地だと考えている。楽屋に集まる芸人やそこに溢れる話題が共感されていき、吉本興業という企業名でありながらも「お笑い」の代名詞のようなブランドに育ったといえる。

笑わせることが仕事といえばそうだが、自分の目標を叶えるために彼ら彼女たちは「演芸」を選んだわけで、そこには実は誠実で熱心で謙虚に稽古をする姿勢があるのである。

例えばコンテストの日には、「昨日はカラオケに行って全く練習せぇへんかったわ」などと、稽古をしていたことを他人にいうことを恥ずかしがるような連中が多いのも特徴だ。

芸人という稼業、お客さんに笑ってもらおうというのが原理原則だ。若手芸人が語る「夢」が具体的であればあるほど、その若手芸人は人一倍努力していたと思う。

「夢はポルシェに乗ること！」と語っていた芸人に1年後に様子を聞くと、「ホンダの中古車を買いました！」という。心理学的にいっても、着実に夢に近づいていく行動といえる。

ぜひ、みなさんも夢を具体的に語ってほしい。

●芸人を心の知能指数「ＥＱ」で見てみると

「Emotional Intelligence Quotient」の略で「ＥＱ」と呼ばれるものがある。このＥＱは自分の感情を上手くコントロールできるかどうかを示す、「心の知能指数」ともいわれている。

自分自身でやってみて、指数がどれくらいあるかを調べるのも面白いが、長い間売れている芸人は、ＥＱがみな高いといえる。多くの芸人を頭に浮かべながらこの項目を見てみると、売れている芸人には多くが当てはまっていると思う。

逆説的にいうと、**次ページの項目をキープできるようになれば「売れる」「成功する」近道といえるかも知れない。**

ちなみに芸人は「自分を一番好き」になるのが成功への近道と私は考えている。これは芸人以外の色々な人にも当てはまると思う。

明石家さんまは人の番組もよく見るそうだが、「自分の出演番組を何回も見る！」とよく話している。この18項目をコピーして部屋にでも張っておいて、時々見直してみよう。

図10 心の知能指数「EQ」の高さがわかる
チェックリストをやってみよう

- ☑ 自分の気持ちをしっかり説明できる
- ☑ 他人の気持ちに興味を持っている
- ☑ 変化を愛している
- ☑ 自分の強みと弱みを知っている
- ☑ 他人の心を知る術を持っている
- ☑ 攻撃しにくい雰囲気がある
- ☑ 「NO」をいうのがうまい
- ☑ 失敗を引きずらない
- ☑ ギブアンドテイクを期待しない
- ☑ 恨みを持ち続けない
- ☑ 他人の毒を抜く力がある
- ☑ 完璧を目指さない
- ☑ 持っているものに感謝する
- ☑ つながりを断つ勇気を持っている
- ☑ カフェインを摂り過ぎない
- ☑ 睡眠を十分にとる
- ☑ ネガティブな言葉を口にしない
- ☑ 自分の幸せは自分で決める

EMPATHY

第3章

他人《ひと》と共感するために知っておきたい大切なこと

EMPATHY
3-1

他人と共感するには「感じる力」を高めよう
――感じる力と不安の関係

◉共感するための「感じる力」の高め方

人と人の間を埋めるものが「共感力」である。そこには信頼感や安心感があり、それがあると他人は心を開くものである。そして心が開き「心のキャッチボール」が上手くいくようになると、豊かな気分で働けるし、他人とつき合うのも楽しくなる。

共感するには「感じる」ことが重要とすでに話をしたが、「感じる力」が持つものといえば、それは「相手の感情を感じとる」ということだ。これは考えて感じとれるものではなく、察して感じとるものである。

それらのことも含めて第3章では他人と共感するコツを解説していこうと思う。

まずは一度、**次ページの項目をチェックして行動をしてみて、「感じる力」を高めてみよ**

図11 「他人と共感するためのリスト」に
もとづいて行動してみよう

- [x] 自我を感じて自我を知る
- [x] 他人と比較して感じて自分を知る
- [x] 疑問を感じる
- [x] 答えを感じることで出す
- [x] 感じて発信する
- [x] 受信して感じる
- [x] 発信と受信の交換
- [x] 感じて理解する
- [x] 記憶を感じる
- [x] 安心を感じる
- [x] 不安を感じる
- [x] 比喩で感じる
- [x] 感じて発想する
- [x] 疑問に対して感じて答える

う。そうすれば自分と他人のことがよく分かり、「共感」できる間柄になることができる。あくまで「考える」のではなく、「感じよう」とすることに集中してみて欲しい。

◉感じる力を高めると現れる「不安」を減らす

感じる力を高めていくと、多くの人が不安にぶつかる。その「不安」や「心配事」はコミュニケーションで減らすことができる。「不安」や「心配事」は消し去るものでもなく、それらは引き出しや棚のような所にしまっておけるということを知っておいてほしい。そういう所にしまっておければ、前向きな、先にやらねばならない大切なことが目の前に見えてくる。そうなればこっちのものだ。

それでは、それを解決する方法のヒントに、次のようなことはいかがだろうか。

・不安を文字にして書き出して表現する。
・不安を複数の人間と共有してみる。
・不安に対して親切な人は意見や感想を述べてくれる。一方で悪意ある人もいることを忘れない。

そういう意味でも、**「不安」はひとりで抱え込まないで、周りの人と共有すると「共感」してくれる人が現れ、気分が楽になる。**

他人にいえない「不安」もたくさんあるだろうが、なかなかひとりでは解決できないので、ここは内心を他人にぶっちゃけて、「不安」を片づけよう。それができない人は恥ずかしがり屋すぎるといえる。

不安を取り除きたければ、それを解放することだ。恥ずかし屋からの解放も自分次第ではあるが、必ずどこかにそれを手助けしてくれる人がいることも覚えておいてほしい。

◉不安を「優先順位」の視点で見直す

私が毎月通っている刑務所の満期釈放前指導教育では、

「話すことと、聞くこと、感じたことを、他人に話すというコミュニケーションの場があれば『不安』は減る。消えてなくなりはしないが、棚か引き出しのようなものにしまっておけばいいということに気がつく」

と話している。

訪れている刑務所では、ひとりずつから「いま持っている不安を教えてください」と聞き出し、私がそれに関して感想を述べ、そのあと、他の受刑者にも私の感想に対しての意見や感想を求める。

共感は、「同意」ではない。ただし「理解」し合おうという共感力があると他人は心を開く。そしてそれが進むと「不安」が目の前から一旦見えなくなるのだ。

これは魔法のようなものである。

刑務所に収容されている人たちの「不安」を見える化し、私も他の受刑者もその時に感じた意見を述べる。そのことで不安が減る。

そしてここで**重要なことは、「不安」から目を背けることを学ぶのではなく、「不安はなくならないが、前に進まなければならないことがある」という優先順位に気づくことである。**

不安は、他人とコミュニケーションを通して共感することで、減らしてしまえる。ぜひ実践してもらいたい。

EMPATHY 3-2

傲慢さと傷つきやすさが「共感」を阻む
――他人との共感を困難にするもの

◉他人に対する「やさしさ」や「気づかい」を忘れない

「共感」し合っている時の目線は同等でなければならない。

もちろん、上司と部下、先輩と後輩などという立場の違いはあれど、理解し合う関係から見ると、人を見下したりする上からの目線では「共感」はできない。

そういう点を踏まえ、次の第4章では、「共感しなくてもいい人」について書いてみたが、まずは「人と人は平等であり、良心を持ち備えた関係である」というところから話を進めよう。

もちろん、モノの見方はそれぞれの目線で、様々なものがあって然《しか》りであるが、それは人種や性別、思想や信条、身分などの違いに関わりなく、個人の間において、人としての価値に差異はないという、基本的な概念を理解した上での話である。

意見を一人称で語ることは大賛成であるが、そこに他人に対する「やさしさ」や「気づかい」のないものは、ルール違反である。

そこから見れば、他人を見下す傲慢さも、他人の気持ちをおもんぱからない言葉も、社会生活のなかでは「凶器」であるといえる。物質は溢れ、技術は進み、「この先、ITやロボットにとって代わられる職業は⁉」なんて毎日聞こえてきているなか、せめてもの慰《なぐさ》めは、**「暖かな人間関係」**である。

にもかかわらず、他人の気持ちを察することもせず、自己中心に発せられる言葉や仕草は「暴力」であり「凶器」であるといいたい。

巷にあふれる数多の「ハラスメント」も同様である。

加害者と被害者にハッキリと分かれる「パワハラ」や「セクハラ」以外に、煙草の煙を嫌う「スモハラ（スモーク・ハラスメント）」やラーメンやそばのすする音で食欲不振に陥る「ヌーハラ（ヌードル・ハラスメント）」のように、加害者と被害者との関係ではなく、気にしない人と、それを嫌う人がいるということでのハラスメントも同様である。

嫌がる人がいるということに気づく人間にならなくてはならないのである。

だからこそ、他人が何を感じているのかを感じとる人間が増えてほしい。
相手を傷つけていることに気づかない人は不幸である。

◉共感には時にはお世辞も大事

一層のこと、他人に「お世辞」をいったり、「賛美」してあげるほうに頭を切り替えられないものだろうか？　傲慢さや他人を傷つける気づきのない人の真逆なところにはそういうものがあるはずだ。少し頭を捻って、転換をはかってみよう。

「お世辞」というものは愛想良く、加減良く使えれば、他人は気分良く「共感」してくれるものである。そもそも人は他人に共感してもらいたいし、好かれたいという欲求を持っているので、たまには過度な気づかいが入っていてもいいのではないだろうか。

調子が良すぎるように聞こえるかも知れないが、上手くお世辞をいえたら、「下手なお世辞をいいやがって」「見え透いたお世辞やん！」とツッコまれる時もあるかも知れないが、その時は笑顔で、「お世辞やないですやん」と返してみることも必要だろう。上級者になればそこで「お世辞ですやん、分かりました!?」と返してみることだろう。

そうすれば相手も悪い気はしない。そんなキャッチボールをしてほしい。

図12　共感には「お世辞」も必要

相手が先輩ならこちらから「同意見です！　私も賛成です！　さすが先輩ですね！」との同意でいいし、相手が後輩なら、「取引先の人、えらい感謝してはったで」などという言葉でもいいので褒めてあげよう。これはとても簡単なことだ。

こういうことは決して小賢しいものではない。現実的に「共感」し合いたい時に現れるものである。

みんな、感じる力を忘れていないだろうか。その気になって他人とつき合ってみれば、すぐに敏感になれる。早速、実践してみよう。

こう考えると、ゆとり世代の「勉強が良くできる」「優秀だ」「いわれたことはしっかりやる」「いわれていないことは気づいていてもやらない」などの特徴のある人たちとつき合うのも、そう難しいことではない。

想像力を働かせて、他人の気持ちを理解すればいいのだ。

◉拒否されても後ろ向きにならない

そしてまた、**共感を求めた時に拒否される恐怖を持たないことが大切だ。**

ついつい「嫌われたらどうしよう」「拒否されたら嫌やなぁ」と後ろ向きな想像をすることも多いが、ここは後ろ向きより前向きを勧める。悪いように考えようが、いいように考えようが、実際にはなるようにしかならないのである。

「あなたの感じかた次第」という感覚が理解できた人にとっては、後ろ向きか前向きかの二者択一ではなく、「前向き」を選ぶしかないことに気がついたはずだ。

「共感」はこちらから一方的に求めていくものではなく、先方からも求められる両想いという恋愛感情と同じものである。

結果に向かって不安でいるか、大志を抱くかはあなた次第だ。

EMPATHY 3-3

「共感力」はこういう場面で役に立つ
——共感できる場面は様々ある

共感力があれば、自分に自信がつく

本書では、「勉強はできないよりできるほうがいい」とか、「友人は少ないより多いほうがいい」などとは、ひと言も書いていない。

「共感力」があれば勉強ができなくても、同期より出世が遅くても、何も落ち込まずに生きていける、ということを書いてきた。

自分の本来持つ「感じる力」をいつでも発揮できれば、内在する不安や心配事を最小のサイズに変え、いまは先に何にとりかかればいいのかなどのプライオリティ（優先順位）を知ることができるのだ。どういう場面で役に立つのか、次ページで羅列してみた。

思い当たるものがあったら「共感力」はつけておいたほうがいいということだ。

図13 共感力が役立つ場面は色々ある

「友人関係のトラブル」「先輩後輩関係の悩み」
「職場（上司と部下、同僚、取引先）トラブル」
「家族（旦那、嫁、子ども、姑・姑、舅・姑、親戚）問題」
「ママ友の人間関係」「他人（カップル、店員）とのトラブル」
「尊敬できない上司からの命令」「セクハラの強い上司」
「会議で対立した時」「納得いかない左遷を受けた時」
「裏取引を迫る取引先」「初恋の人と再会した同窓会」
「就活面接試験」「婚活パーティ」「数十年確執が続いたままの同級生」
「好きになってしまった職場の上司や部下」
「まんねりを迎えた夫婦関係」「子どもの公園デビュー」
「ペットの公園デビュー」「PTAやマンションの役員になった時」
「マンションの上下階や左右の部屋の騒音」
「ゴミの出し方で近所の人と揉めた場合」「病気や怪我」
「家族や友人の逝去」「交友関係を広げたい時」
「初めて会う人との初めての会話」「話し下手」「文章下手」
「自分の意見を上手くいえない時」「何か面白い話をしたい時」
「父娘の会話をメールで交わしている家族」
「バーでぼったくりに会った時」「転職した初日」
「突然の人事異動」「選挙に立候補した時」 etc.

どんな場面においても、「自分のことを自分で共感」していれば何も怖くない。そして自分の「感じる力」と普段から出会うコツを知っている人なら、問題に出会っても慌てないだろう。

ここでもう一度整理してみよう。身につけた「共感力」をどう使うかはあなた次第ではあるが、今後も相手の気持ちになって「共感」部分を感じとろう。「共感」できるヒトやモノが増えれば、毎日が楽しく豊かな生活が送れることは間違いないのだから。

◉友人は数じゃない。信頼のおける友人をつくろう

身近な人間関係について見ていこう。

「あなたには友人は何人いますか?」

多いのがいいことだとは思わないが、信頼のおける友人は持っておこう。それと、**この先、いくつになっても新しい友人はできるってことを忘れずにいよう。**自分から扉を閉ざさないこと。SNSのおかげで、何十年前の友人に再会できて、懐かしかったり、楽しくなることもある。なかには結婚するような人もいる。

コミュニケーションの方法は山ほどある。飲み仲間でもいいしメル友でいい。趣味が合えば一緒に出かけてもいいし、知らないことがあったら教えてもらえばいい。お互い独身の男女だったらつき合ってもいい。**友人はいなくても生きていけるし、イッパイいてもいいなくってもいいのが友人だ。その数はあなたが決めればいい。**

なお「家族」はよほどのことがない限り、一生のつき合いがある。血が通ってたり、配偶者の血族との関係（姻族）などがもめると手に負えない。特に「お金」が絡むと手に負えない。ないほうが仲良しになれるというのも聞いた。「お金」は魔物だ。

「親戚のおっちゃんが『仲良くしぃや』っていってるで！」はよく聞く話だし、「夫婦喧嘩は犬も食わぬ」とはワンちゃんには悪いが、ほっといたらいいものなのだ。

ただし流行り（？）の不倫はよろしくない。何があっても悲しませる人をつくってはいけないからだ。良心だけは失ってはいけない。ちなみに日本の殺人事件（未遂含む）のうち60％弱は「親族間殺人」だ。関係が親しい分、憎しみも大きくなるということのようだ。「共感」する力があり、損得勘定をすればそんな事件には及ばないはずだ。

EMPATHY
3-4

他人とはどこまで共感すれば良いのか
――共感できなくても、自分のせいにはしない

無理をしない。自分には非がないと考える

他人の気持ちが分かることと、他人を肯定することと、は違うのだが、時々ごっちゃにする人がいる。

「相手のことが性格的に好きな人だから、自分とは正反対な意見でも認めてしまう」

「タイプが合わない人なので、考えかたには同意できるが、賛成とはいえない」

こういった感情が出てくることがあるのは分かるが、**何も無理することはない。こういう時こそ「素直な自分はこういうことを思うのだ」と、打算でも何でもなく、自分がどう感じたかを、最優先してみよう。**

「相手のことが性格的に好きだから反対意見をいわないでおこう」か、その逆に「相手のこ

とが性格的に好きだけれど、意見は反対だからその通りをいおう」であってもどっちでもいい。共感することか共感しないことかそれを悩む前に、「直感力」に頼る自分を信じよう。

その際、自分を中心に世の中が回っている、というぐらいの視点を持って、それとつき合うことを勧める。そのために、日頃から、確固たる感じる力を鍛えておく必要がある。

そうすれば**「共感」できる人がいっぱい出てこようが、全くの孤立であっても、何の心配もいらない。自分がそれでいいならそれでいい。**それが「信念」というものだ。そういう自分との「共感」なくして、他人との「共感」はありえない。

私はそれほどまでに「自分」を大事に置いた「自己中心主義」を勧める。

まずそれを理解できるようになって初めて、他人との「共感」が可能になるとさえ考えている。だから、確固たる感じる力を持つ自分を前提に、**相手のことを感じようとして「共感」できなければ、それは相手のせいにすればいい。こちらには何の非もないと決めればいいのだ。**

◉愚痴などのムダな共感はやめよう

ところが世の中、変なもので、後ろ向きな話や他人の悪口は盛り上がるものだ。くだらない共感の花が満開だ。しかしよく考えてみよう。それが笑える失敗談やいたずらした思い出などの中身なら、せめて酒の肴《さかな》にはなるが、それが仕事上のことに関してだったりすると、何も生み出すことがない世の中に不要な「愚痴」といえる。ゴミである。

意見として否定的なことを相手に直接伝えるのは良いが、伝える相手が不在のまま否定話で盛り上がるのは良くない。そこには正直な意見やアドバイスが加わらなければ「共感」を交換するコミュニケーションといえない。

ビジネスを前向きにとらえるなら、積極的に欠点と向き合い、前進するための価値ある意見を述べるべきだといえる。そのようにできないのなら時間のムダづかい、給料泥棒である。社会人としては「モラハラ」こと「モラル・ハラスメント」であるといえる。

そういう意味でも、正直に他人と意見を交換し、共感できるまでその人物ととことん話し合うことが必要あるともいえる。

ただし、相性も大事なので、ファースト・インプレッションで他人を判断してみるのもいいと思う。結果的に落としどころは、「妥協」ではなく「共感」だといえるからである。

また、職場でいうなら「好かれる」と「評価」が一致しないということも覚えておかなければならない。

「好かれる」と「評価」は一致せず、企業体という生き物は毎日、社会のなかで呼吸しつづけている。いまや「共感」し合うことで「理解」し合い、そのあとにそれが「評価」に変わるとはいい切れないのである。「評価」とは、別の角度で人と業績を見てはかられるものである。

ここで最近よく語られるのが「幸福度」というものだ。いろいろとはかりかたがあるが、ひとつ参考までに国連発のものを探してきた。次のようなものだ。

◉「他人との共感の基準」を知る

国連が発表した2018年度版「SDSN: Sustainable Development Solutions Network（持続可能な開発ソリューション・ネットワーク）」のなかの「World Happiness Ranking（世界幸福度ランキング）」では、人生に「幸せ」を感じる度合いと「不幸せ」を感じる度合いの尺度を「所得」「社会支援」「健康と寿命」「自由」「寛容さ」「汚職の有無」という6指標を用

図 14　国連が発表した「World Happiness Ranking 2018 年度版」(世界幸福度ランキング)」の指標

① 1 人当たり実質国内総生産
(GDP)

② 社会的支援の有無
(困った時、いつでも助けてくれる親族や友人がいるか？)

③ 健康寿命
(健康を最優先しているか？)

④ 人生選択の自由度
(自分の生き方を自由に選択し、満足しているか？)

⑤ 寛容さ
(過去 1 カ月間に慈善事業に寄付した金額はいくらか？)

⑥ 汚職
(政府やビジネス界の汚職はないか？)

〈出所〉2018 年度版「SDSN:Sustainable Development Solutions Network
(持続可能な開発ソリューション・ネットワーク)」

いて相関分析を行い、寄与度をまとめている。

その結果は、1位からフィンランド、ノルウェー、デンマーク、アイスランド、スイス、オランダ、カナダ、ニュージーランド、スウェーデン、オーストラリアと続き、ドイツは15位、アメリカは18位、イギリスは19位、残念ながら日本は54位だ。韓国は57位、ロシアは59位、中国は86位、最下位（156位）はアフリカのブルンジ共和国である。ちなみに日本は昨年より3位順位を落としている。

また、この統計では、1日のうち多くの時間を過ごす職場での幸福度にも着目し、雇用形態、職種、業種が幸福度に与える影響も明らかになった。収入、仕事とプライベートのバランス、仕事内容、自主性の有無なども幸福度を左右する要素とされた。富裕国では精神疾患や心の病が不幸の最大の原因であるとも指摘してあった。

ここは順位を楽しむのもいいけれど、**自分自身の基準を用意してみて、自分の人生に対する「満足度」を出してみてはいかがだろうか。そこから他人とどこまで共感するのか、という自分の基準が見えてくるかもしれない。**

「共感」しなくては、良いコミュニケーションは始まらない。ただ「共感」できない人に出会っても、「自分とは合わない人だ」とさっさと諦めればいい。もっと他に「共感」できる人も出てくるし、よしんば目の前にいなくても平気な自分がそこにいるはずだ。

EMPATHY 3-5

共感力を高める「感じる」を鍛えるこれだけの方法
——自分の好きなことをやってみよう

◉「感じる力」は、自分のやりたいことから

いま私が考える、共感力を高めるための「感じる」を鍛える方法を羅列してみた。中身は「何をいまさら⁉」であるが、あなたにもピンとくるものがあるだろうか。これらは実は、テレビで、ダウンタウンの松本人志が「バイト探し」のスマホアプリの紹介をしていたのを見た時に思いついた。

早速ダウンロードを済ませたので、今年はそれにしたがって実際にアルバイトをしてみようと思うところから来ている。こういう社会勉強もいいと思ったのだ。実際には体力に合わせてにはなるが、まだまだ未経験のことが多いので、楽しみである。

「スポーツのプロになる」「サッカー、野球、競馬騎手、ゴルフ、ボクサー、
レスラー…何をするかを悩む」「素潜りを覚える」「スカイダイビングをする」
「サーファーになる」「ボウリングのボールや靴、グローブのセットを買う」
「バッティングセンターに行く」「ブラックバスを釣りに行く」
「ダンサーになる」「オリンピックに出る」「芝居を見る」「芝居に出る」
「戯曲を書く」「SNS で発信する」「情報発信する」「恋愛する」
「異性を好きになる」「同性を好きになる」「ペットを飼う」「結婚する」
「子育てする」「夫婦喧嘩する」「思い立った行動をしてみる」
「人の行動を見る・知る」「世界情勢を見る・知る」「歴史に触れる」
「ルーツ（先祖）を辿る」「洋服屋に行く」「着物を着る」「長髪にする」
「丸坊主にする」「髪を染める」「洋服をデザインする」
「ファッションモデルになる」「美容師・理容師になる」「メイクアップアーティストなる」「ネイリストになる」「マッサージ師になる」
「食事する」「料理をつくる」「グルメブロガーになる」
「バーテンダーになる」「女装する」「男装する」「性転換する」
「ロボットをつくる」「アルバイトする」「本屋の店員になる」
「カフェのオーナーになる」「カメラマンになる」
「イベントプランナーになる」「コピーライターになる」
「グラフィックデザイナーになる」「ノマドワーカーになる」
「ユーチューバーになる」「WEB デザイナーになる」
「システムエンジニアになる」「僧侶・牧師になる」「選挙に立候補する」
「宇宙飛行士になる」「天気予報士になる」「大学受験する」
「小中高の教員になる」「大学教授になる」「保育士になる」「公務員になる」
「弁護士になる」「裁判官になる」「公認会計士になる」「行政書士になる」
「警官になる」「検察官になる」「刑務官になる」「消防士になる」
「自衛隊に入る」「傭兵になる」「介護福祉士になる」「看護師になる」
「動物園に勤める」「フリーターになる」「引っ越す」

etc.

図15 私がいま、やりたいことをいっぱい並べてみた

「入場を払って演芸場に行く」「落語を覚える」
「友人と漫才コンビを組む」「河内音頭取りになる」「落語家になる」
「喜劇役者になる」「マジシャンになる」「芸人のマネージャーになる」
「テレビ番組の企画を書く」「TV キャスターになる」
「アナウンサーになる」「DJ になる」「俳優になる」「タレントになる」
「番組プロデューサーになる」「テレビ番組ディレクターになる」
「テレビやラジオの番組の構成作家になる」「ラジオに葉書を出す」
「ラジオにリクエストの曲を送る」「たくさんの人と話す」
「他人の話を聞く」「旅をする」「もう一度修学旅行」「卒業旅行」
「新婚旅行」「秘境へ行く」「パックツアーで旅する」
「ツアープランナーになる」「ホテルマンになる」「飛行機で旅する」
「船で旅する」「車でドライブする」「単車でドライブする」
「適当に徒歩で旅する」「パイロットになる」「CA になる」
「文章を読む」「純文学を読む」「ノンフィクションを読む」
「漫画を読む」「文字を書く」「携帯メール小説を書く」「日記を書く」
「ラブレターを書く」「手書きで文字を書く」「小説家になる」
「新聞記者になる」「パパラッチになる」「純文学を書く」
「ノンフィクションを書く」「漫画を書く」「直木賞・芥川賞を獲ろうとする」
「画家になる」「書道家になる」「棋士になる」「映画を見る」「洋画を見る」
「邦画を見る」「アニメ映画を見る」「自主制作映画を見る」
「映画監督になる」「脚本家になる」「歌を歌う」「詩を書く」「曲を書く」
「楽器を演奏する」「アートに触れる」「アート作品を産む」
「ギャラリストになる」「医者になる」「葬儀屋に勤める」「留学する」
「占い師になる」「スポーツをする」「スポーツを見る」

前ページの羅列はいま自分がやりたいことを書き出してみたのだが、お金をもらえるものばかりではない。お金を払わなければならないものもあるし、1円もかからないものもある。ただし体験が不可能なものも多くあるので、そこは悩みだ。ただ、まだここで諦めてはならない。何らかの方法でそれらの仕事に近づくことはできるかもしれない。見て、触れて、初めて「感じられるところ」がたくさんありそうなので、チャンスはつねに狙っていこうと思う。

出会えたらそれでいいし、出会えなくてもそれに近づこうとした時に何かを感じるだろう。自分の「足らず」に気づき、もしかしてどれかでも実際にやり始められたら間違いなく自分は変わるであろう。

そのためにはたまに深呼吸して、感謝の気持ちを持って、つねに楽しいことを考えることから始め、それのどれからでもいいかからやっていこうと思う。その前に何よりも重要なのは健康な体であることは間違いない。

深呼吸をしたあと「両手をパン」と一本締めでもすると心も晴れるものだ。

EMPATHY

第4章

こんな人とは、
共感しなくてもいい！

EMPATHY 4-1

自分の失敗を認めずに、他人に罪をなすりつける人

自分の失敗を分析できていない人は不幸だ。そのなかでも、自分の「失敗」を認識している人と認識していない人に分かれる。また認識していても失敗を認めないという人もいる。まず本人が「失敗を認識している人」なら、それを本人は反省し、訂正をして、必要に応じて謝罪もして、またやり直せばいい。周りもそれをサポートすればいい。人間とは必ずやり直しはできるものだ。

続いて「認識している」にもかかわらず、自分の失敗を認めない人は質が悪い。知っていながらそれを他人のせいにしたり、他人に罪をなすりつけたりする。

そういう人は自分の立場を使って自分だけ救われようとする。分かりやすい「パワーハラスメント」のケースである。それによってあなたが損をするようなら、そんな人と「共感」することは全くない。そんな卑怯な人は放おっておけばいい。助ける必要も全くない。適当なところに突き出してやればいい。古くからのつき合いがあったとしてもそれを断てばい

図16　共感したのに……

い。また新しい友人はできるものだ。

また「失敗を認識していない人」には誰かがそのことを教えてあげ、気づかさなければならない。そうでないと、また同じ失敗を繰り返すこともある。失敗したら懲りずにアドバイスしてあげよう。これが親切心であり良心であり、人情というものである。


ここでいうと、「認識しているにもかかわらず、それを認めない人」は会社のなかでは問題児だ。

まずは正式に上司に相談しよう。会社の問題は社内で解決するのが一番だ。

ずっと確執が続いている最悪の人間関係になった時、その理由が分かれば、解決の糸口も見える。一方、それが分からない時、辛い時間と長い間つき合うのは心身ともに不健康だ。早々に脱出すればいい！　会社なら辞めればいい、学校なら転校すればいい。命が一番大切だ。


基準は「自分との共感」といえる。自分に対して愛情を持って、時には厳しく接するのが「共感」する力だ。相手が（相手）自身を理解して、それを自ら訂正のできる人物ではないのなら、もうどうでもいい。そんな人とは「共感」する必要はない。

EMPATHY 4-2

要領だけはいいが、自己中心的で人を見下すような人

「あなたのためを思って……」などといいながら、結果的には他人を自分のいいなりにしようとする人がいる。残念だが、そういう人は人情がない上に、他人を犠牲にすることを何とも思っていない。また、他人の気持ちを分かろうとしない人も存在する。こういう人とも「共感」する必要はない。

「ジコチュー」の人の多くはコンプレックスが強い人だ。補完し合える相手とならお互いのコンプレックスを理解し合い、上手くつき合えるというものだが、特に劣等感まみれの「ジコチュー」の人とつき合うのは大変だ。

なかには仕事を要領良くさばき、成績もいい人がいるのだろうが、いざ人間関係という大事なものを大切に扱えていないという側面から見れば、その人は不幸な人であるといえる。

こういう人は「自分は仕事ができる」という自負があり、それはすべて自分の実力、自分ひとりで何でもやっていけていると思っているタイプである。

その「劣等感」を明らかにして、自分を裸にして、上手くキャッチボールできるようにすれば、より良い人間関係が生まれ、より良い仕事を進められることになるのだが、残念なことにそういう人たちはそれに気づくことはない。「自分はできる」といい聞かせる暗示で何とか対面を保とうとするようだ。

私にいわせれば、それを見せびらかせたりしないで、肩の力も抜いて、「自分はできない部分もイッパイある」という標識を立てれば、もっと楽に仲間や先輩、部下ともつき合えるはずなのに気の毒だ。

家族兄弟、親戚ならアドバイスもするし、それで悔い改めて欲しいところだが、赤の他人なら、ここは無視すればいい。人間というもの、**他人に助けてもらったり、支えてもらって生きているということを自覚し、それに感謝のできない人は放っておけばいい。**

また、こういう人によく見られるのが、押しつけがましく、いうことを聞かないと怒る人も多いということだ。その時も同様に無視しよう。ただあなたが不条理の標的になったり、いじめの対象になっているなら、あなたが「ジコチュー」になればいい。「共感」することはない。

図17　ジコチューはもろい

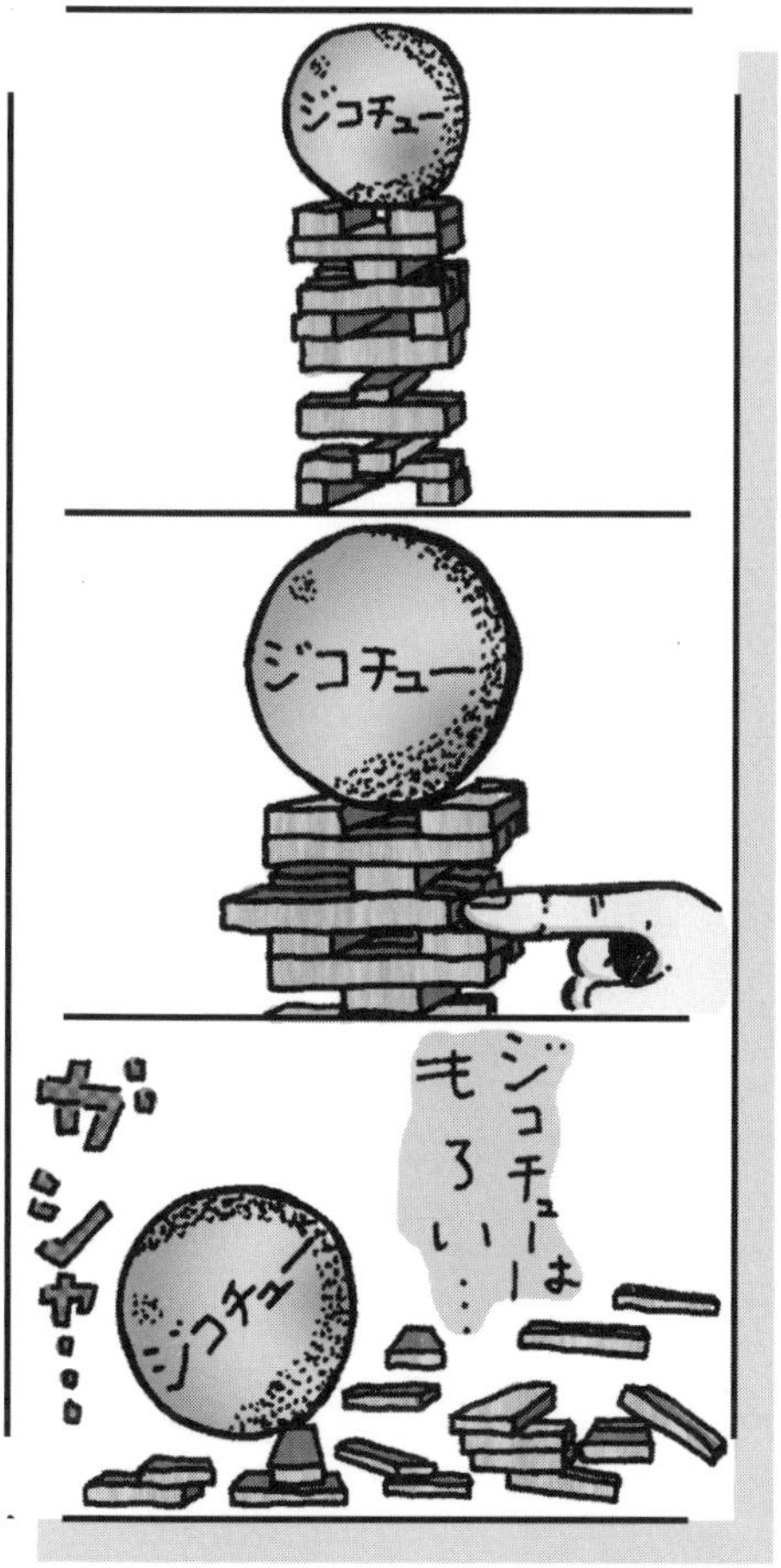

EMPTHY 4-3

「自分がすごい」と思っていて、インテリになり損ねている人

これまた自己分析のできていない不幸な人だ。現実的に自分で自分自身に「共感」できていれば、「自分がすごい」といって自惚《うぬぼ》れることはないだろうし、「インテリ（知識人）」と呼ばれることに照れも出るというものだ。そもそも「インテリ」とは自ら名乗るものではない。他人からそう呼ばれる資格のある人のことをいう。

私が２０１４年11月、秋田刑務所の慰問に吉本興業の社員として行き、彼らに「お笑い芸人」を目指す若者たちの思いとはどういうものか、そして社会復帰への心構えなどを話したのだが、予定より持ち時間が長くなったので、急遽、次のような話をつけ加えた。

実はその刑務所は、刑務所を出ても、比較的短期間で刑務所に戻ってくる者が多いところだと聞いていた。ということで、そこには暴力団関係者も多く、喧嘩や傷害などの犯罪も多いのだろうということを察しての話だった。

図18　漢《おとこ》だから耐えてみせる

「みなさん、この刑務所のなかで喧嘩などしていませんか？　このなかで勝とうが負けようがいいことはありませんよね？　ムダな喧嘩はもうやめてください。『オトコ』とは娑婆《しゃば》で本当の『オトコ』と呼ばれる人のことをいいます。

そしてその『オトコ』とは、漢字の『漢』1文字で『オトコ』と読みます。その『男らしさ』とは、勇敢さや精神力の強さを持ち備え、同性からも頼られ、惚れられ、尊敬される器量のある人間のことをいいます。そんなオトコの中のオトコを目指してほしいです」

こういう話をしたのだが、その後1年間は刑務所内から喧嘩がなくなったと聞いた。

他人から尊敬され、頼られる人こそ「漢＝インテリ」と呼べるのではないだろうか。もしも自分のことしか見ていない知り合いがいて、注意やアドバイスをしてあげられる関係性があるなら、ひと声そのように助言してあげよう。

ただ「すごさ」を押しつけてくるだけなら、そういう相手は面倒だし鬱陶しいだろうから、相手をしなくてもいい。こんな人とも「共感」する必要はない。

EMPATHY
4-4

正義感を振りかざして相手を非難し、優位に立とうとする人

こういう勝ち負けが好きな人がたまにいる。勝ち組とは何だろうか？

同期より早く出世すること？　給料をたくさんもらうこと？　部下の数が多いということ？　戸建てやタワーマンションに住むこと？　外車を所有すること？

何と比較しての「優位」なんだろうか？　クレイジーケンバンドの『タイガー&ドラゴン』の歌に出てくる「オレのなかでオレとオレとが闘う」ではないが、現実は、**相手に勝つだけが勝負ではなく、自分と戦うというほうが大変であり、大切な戦いであるともいえる。要は自分自身の力をシッカリと知り、それを理解し、自分を愛すれば怖いものはない。**あなたの成長を邪魔するものが出てきたら、ムダに闘うことにエネルギーを割く必要はない。

吉本興業のお笑い芸人でいえば、みんなが個人事業主だし、「オモロイやつが売れて稼げる」というのがセオリーなので、やはり戦う相手は自分自身なのだ。

もちろん養成所の同期にはライバルも存在するし、コンテストもあるので勝ったり負けたりもある。

ただし、勝者と敗者が明確なオリンピックのような競技とは違う。お笑いの競争は、秒数や重さといった数値などに置き換えられるものではない。極端にまで属人的な「感性」に訴えるという「アーティスト」なのである。

だから彼らの競争は「ナンバー1」の金メダルを目指すものではなく、他人とは違うという「オンリー1」を目指すものなのである。

世の中、簡単にいえば相手を非難しようが、悪口をいおうが、そういうことで自分は優位に立てないのである。正式な競争のステージで戦いに勝った「ナンバー1」や「オンリー1」の者が優位に立てるという図式なのだ。

図19 「自分対自分」の闘い

EMPATHY 4-5

自分は他人に察してもらって当たり前、と思う人

これは無神経な人の特徴だ。ドラマにもよく出てくる「おまえは何様やと思てるねん！」というやつである。

語らずに「自分を分かってほしい」というのは、わがままだ。ここは「ノンバーバル（＝言葉に頼らない）パフォーマンス」じゃないのだから、「以心伝心」というわけにはいかない。

やはり、ここでは「共感」したいならコミュニケーションが必要だといえる。少々のことなら気も回してあげられるが、それがしょっちゅうになると、たまったものではない。つき合いきれなくなる。

男女のハートの探り合いのラブゲームならまだしも、ええ年をした者が「目と目で通じ合う」ようなのは仕事にとり入れないで欲しい。私はそういうのを嫌うので、できるだけ先に言葉や文字にして発信していくというコミュニケーションの手法を利用している。

２０１１年3月11日に発生した「東日本大震災」の起きた日以降、私が家族や友人との安

図20　赤ちゃんは察してもらって当たり前

否を確認し合う方法のひとつとして、SNSのなかからFacebookを選んだ。twitterのタイムラインで流されていくより、私が書き込んだものを読んでもらいやすいのとシェアという機能を評価して、そう決めた。

このFacebookの特徴は個人情報を出さなければならないという点である。他のtwitterやinstagramなどが匿名のなか、実名を確認されて初めてログインできて、そして発信できるという機能があるので、「自分が誰なのか」を開示する条件があるのが特徴だ。

最近では、私と「同じ苗字なのがきっかけで（竹中著の）本を買いました」といってレビューをFacebookに書いてくださっていたのを発見したので、喜んで私から友達申請をさせてもらい、仲良くなった人もいるほどだ。

まずはこちらから情報を投げるという考えかたで、毎日、何かを書き込んでは発信している。だから他人に自分のことを察してもらうにしても、こちらから何らかの情報公開、発信をしなければ「共感」には入っていけない。

自分のことは何も発信しないでいるのに、「私のことを分かってほしい」といわれても、それではバランスがとれない。そういう相手ならば「共感」はお断りすればいい。年令や性別ではなく誰もが対等の目線でいるのが正しい「共感」の在り方だ。

EMPATHY 4-6

「ギャグ」と「いじめ」の境目の分からない人

「ギャグ」と「いじめ」には境目があるという話をしたい。これは毎月通う山形刑務所での「満期釈放前指導教育」の授業の4コマの中の1コマで行っている「ハラスメントを学ぼう」で伝えていることである。なかには10～20年間、矯正施設にいる者にとっては「むかし普通だったことがいまでは普通ではない」というハラスメントの基準を知ることになる。

例えば、「セクハラ」「パワハラ」は有名だが、職場において妊娠・出産した人が精神的・肉体的な嫌がらせを受ける「マタハラ（マタニティ・ハラスメント）」や、化粧品や香水、体臭、口臭、加齢臭など、自身が発する強い匂い（スメル）で周囲の人に不快な思いをさせる「スメハラ（スメル・ハラスメント）」、科学的に証明されていない血液型をもとに相手の人格を断定したり、行動を分析して決めつける「ブラハラ（ブラッドタイプ・ハラスメント）」など、多数存在する。

ここで、私が強く伝えたいことは、これらすべてが「加害者と被害者」の関係であるものばかりとは限らないということである。刑務所内にいる人たちは明らかに「加害者」として処せられてそこにいるのだろうが、いま説明した**「ハラスメント」では、「被害者」ではないが、その行為を嫌がる人がいるということを、理解することが必要である。**

大事なことは、その行為によって「困らせる」「不快にさせる」「尊厳を傷つける」「不利益を与える」「いやがらせや脅威を与える」などが起こることである。いった側に悪気がないとしても、それが笑える「ギャグ」とはいえず、「いじめ」になることがあるのだ。

ここでは人の気持ちを分かる人間になることが重要であるといえる。**自分の発した言葉を逆手にとって笑いをとるのが「ギャグ」。逆に発した言葉で相手の心が痛むのは「いじめ」である。**自分勝手にいったことを「それはギャグのつもりだった」とか、「そういうと面白いと思った」「相手にとっては良いことだと思った」などと、これらすべては自分を中心にした主観で物事を考え、自分の常識を他人に押しつけている。

「ギャグ」の分からない人には、吉本の漫才を見るか、新喜劇を見てもらって「ギャグのセンス」を身につけてもらおう。それでもシャレの分からない人は、ハラスメントを起こしていることに気がつかない。悲しいですがつき合わなくっていいです。

図21 “口”からでたサビ

里子さんって
キラキラして
ないから
話しやすいです
キラキラしてないって
私のコト
ディスってるの？
ああ…
身からじゃなくて
口からサビがでた
ズーーン

EMPATHY
4-7

それでは、「共感できない人」とつき合うにはどうするか？

◉共感できない人とのつき会いかたの心得

この章では、「共感」しなくってていい人を例に挙げてみた。究極は「共感できない人」とはつき合わなくてもいいとも書いた。しかし、そういう人が身の回りに現れることはよくあることで、こちらからご遠慮願えない。

ということで、様々な対処方法を挙げてみた。基本は多くの人と「共感」できなくても全然平気という考えかただ。ここで、私のお伝えしたいことは、「気の持ちかた」次第ということだ。

前向きでいれるのか、いれないのかは、それはあなたの気持ち次第であるということを先に伝えておく。それと同時に、自分を信じて「真の自由」を手に入れてほしいと思う。「共感」

したり、「共感」されたりだけではなく、**自分が自分に強く「共感」する思いがあれば嫌われようが無視されようが何とも思わなくなる。**

子どもならいざ知らず、大人のあなたこそ、人間関係は自己中心で計算ずくでいい。ただ先にも書いたが、そのことで他人に迷惑をかけたり、イヤな思いをさせたりするものは除外する。

何度もいうが、**自分とせめて家族のことまでは親身に考え、あとは自分に都合のいいように考えて行動すればいい。**それを孤独と呼ぼうがひとりぼっちといおうが、「自分が良ければいい」のが生きかたの基本だ。それには自己責任が伴うわけだから、自由に生きればいいということを書いておく。

そこで、以上のことを踏まえた上で、共感しなくてもいい人と、どうしてもつき合わなければならない時に発生する「ストレス発散方法」を紹介したい。自分にフィットするものがあればそれを実行して、「共感」などしなくていい人との関係を明確にして、自由になってほしい。

◉自分で自分を「承認」しておこう

「知らないことは知らない」といえる人間になろう。知ったかぶり人間になると後々に大変なことになる。「オオカミ少年」とまではいわれなくても、ほぼ「嘘つき」呼ばわりされる。

ここは、「色んなことをよく知っていると思われたい」のはどこから来るのかを考えてみよう。

「承認されたい」のか「仲間はずれにされたくない」のか、ここは恥ずかしがらず、ええカッコせず、正直者になるのがいい。知らないことはハッキリと知らないといおう。

ただし**「承認」されたいためだけなのか、自分自身の思いに反して、すなわち自分を「承認」せずに他人とつき合う人がいる。これはこれで自分に対する背任行為ともいえる。何を置いても優先の順位は「自己承認」からである。**

◉コンプレックス対策は「気にすることをやめる」

コンプレックスとのつき合いかたは、「上手くつき合うこと」「面倒なことを忘れること」、そして特に「気にしないこと」だ。

気にすることをバネに、そのコンプレックスを克服する人もいるだろうが、気になって仕方ない人には「気にするのをやめてください」といいたい。

もうひとつつけ加えるなら「自己嫌悪するのもやめなさい」といったところだ。「コンプレックス」はどこから来るのかと思ったら、大人になる過程やその環境で生まれるようだ。そういうのを引きずるのはやめよう。「どうでもいいことだ」と思えばいいことだから。

過去の歴史は変えられないが、明日から始まる歴史とポジティブにつき合うようにすれば「明日は変わる」ということだ。

そして「共感」できる人を探すのもありだ。ここは親や兄弟、親しい友人からでいいだろう。見つからなかったら無理しなくっていい。自分自身が自分と正直に仲良くつき合えればそれで十分だ。

◉嫉妬されたら「無視」しておこう

「嫉妬」を持つ他人に対するアドバイスについてだが、そもそも「嫉妬」とは羨《うらや》ましがっているものではなく、自分に足りない憧れがある時に出てくる「負のエネルギー」である。本人に力がなければそのことを理解すればいいのに、他人の持つ力をねたむわけである。

私にいわせれば、**もっと自分の持つ力をよく確認すれば他人のことなど気にしなくていい**と思うのに、気になる性格なのだろう。ここは相手にしないことだ。無視しておこう。ただ何か攻撃してきたら、それはそれで考えなければならないが、たいがいは無視していれば済むことだ。勝手に疎《うと》ませておこう。

◉自分で自分を「褒める」

他人を「褒める」ことについて上手になるのは素晴らしい。それに加えて**自分で自分を褒めるともっといいと思う。**

２０１５年夏、60歳の定年の数年前に吉本興業を退社した私だが、二人の人物から『長い間ご苦労さんでした』と自分で自分を褒めるように」といわれた。

多くの友人からは「長い間ご苦労さんでしたね」との声をいただき感謝をしたが、この「自分を誉めて！」というのは、またそれとは違って感慨深かった。

自分自身の「わがまま」に気づき、それを嫌う人も多いが、実は「鬱《うつ》」の人は無理せず、「我儘《わがまま》」なままいて、つき合える人とだけ仲良くしていたら鬱が治ったという話を聞いたことがある。これこそ自分との「共感」の成功例だといえる。**「わがまま」でいることが精神**

衛生上いいってことだろう。みなさんも、もっと「わがまま」を出してみてはどうだろうか。

◉他にも方法は色々ある

ほとんど「ストレス持ち」ではない私だが、発散の方法を他にも探してみた。

「趣味を持つこと」「好きな運動をすること」「音楽とつき合う（聞く、歌う、演奏する）」「映画・演劇・アートの観劇」「人と会って話す」「人と電話で話す」「SNSを上手に使ってコミュニティ活動を楽しむ（匿名で共通の話題で盛り上がるのはいいこと）」「美味しいものを食べる」「旅行する（知らない土地に行く、誰も知った人がいないところに行ってみる）」「習いごとをする」「お酒を飲む」「風俗に行ってみる」「買い物」「美容やエステ」「占い」「先祖に挨拶」などはどうだろうか？　「笑うこと」も久々にやってみたい。入場料を払って「演芸場」に行くのもいいかもしれない。

また自分の過去や思い出と出会い、改めて感動するという「エモい」（感情が高まって揺さぶられる心の動きの状態）もいいと思う。生まれ育った家や小学校、よく行った駅前のスーパー、学生時代、同級生といつも何となく集まっていた神社の境内がどうなっているのかなどを訪ねてみるのもいい。

そしてこれらに加えて、次のような思いや考えを〝止める〟のもいいと思う。

「相手をもっと知って仲良くなりたい」「人に愛されたい」「心配されたい」「被害妄想を持つ」「承認欲求を求める」「他人に不幸が来ればいい」「自分は不幸である」「劣等感を持つ」「努力する」「苦労に負けない」「人に優しい」「自分は頭が悪い」「敏感になりたい」「素直な自分」など、これらはもうきれいさっぱり忘れよう。

◉自分は自分。空気を読みすぎない

大事なことは何ごとも自分で決めることだ。他人からのアドバイスも時には大変助かるが、他人に行動を決定されるのは窮屈だろう。自分は幸福度が高まることだけを考えて行動すればいい。世の中には「矛盾」もあるし、「勝ち負け」もあるわけだから。

「あなたにはあなたの生きかたがあるから、私はそんなこと、何も気にしない」と他人を放っておく、と割り切りればいい。

あとは勝手に他人のことを「愛情、優しさを知らない悲しい人」と決めつけ、それ以上は反応しないようにする。そもそも赤の他人同士、土俵が違うのだから、こっちの都合やあっちの都合通りにいくわけがない。そう考えると、「天然系」「鈍感系」が幸せそうに見えてきた。

他人を傷つけることは嫌い、もちろん自分が傷つけられることも許せない。だからといって、そのために「空気を読む（ＫＹ）」ことばかり考え、気を回しすぎ、空気の読みすぎで頭でっかちになり、身動きがとれなくなってきている人はいないだろうか？

「空気を読む」ことをやめてみて、自身の感性を信じて生きていく道があることに気づいてほしい。心からそう思う。

EMPATHY

第5章

他人《ひと》と共感して動いてもらうための“竹中流”イロハ

EMPATHY
5-1

人の気持ちを感じるための「観察力」を高めよう
――共感するには相手を観察する

◉相手を一瞬で感じとる訓練をしよう

「共感」したい相手を観察する方法を教えよう。人呼んで「情報ハンター」である。

相手の気持ちを感じとり、「共感力」を強めたい場合、相手の立ち居振る舞いを観察するのが近道だ。それも瞬時にだ。もちろん相手もこちらの印象を瞬時に判断しようとしている。**ここはゲーム感覚でいい。所詮「印象」なので正しいとか正しくないなんて正解はない。**

相手からどのように観察されるかという視点で説明していこう。

実はこういう時、**「服装」が相当に重要になる。**

「服装はその人を表す」なんていう。ドイツのことわざにも「Kleider machen Leute（服は人をつくる)」というのがあり、これには「馬子にも衣装」という意味も含まれ、いい意味でも悪い意味でも古今東西、使われているようだ。

私が高校生の頃は、コンバースのハイカット・スニーカーが欲しくてアルバイトをしてお金を貯めて、大阪府寝屋川市の実家から神戸の元町高架下まで買い物に出かけたものだ。「服装」とか「ファッション」はそれぐらいの努力がいるもので、確かにその人を表すものだといえる。

だからといって毎日毎日、ファッション雑誌とにらめっこしていたわけではないが、自分を表現するひとつが服装だということはハッキリいえる。ただ高価なものを身につけておけばいいとはいえない。自分に似合ったものならそれがいい。それと清潔感も重要である。私は50年以上前の古着が大好きなので、くたびれた感じのジャケットをよく着ているのだが不潔感はない。ここで男性ならメガネやネクタイの選びかたも重要だし、女性ならアクセサリーや髪型も気になるところだ。

ファッションは「自分に似合っている」という主観が大事である。

自分を知って、それに準じた服装にすればいい、ということだが、他人の意見も参考にすることも忘れずに。「似合う」といっても、自分の知っている自分と他人が見ている自分とでは違いがある。

そして**服と同時に観察される大切な情報は「表情」だ。**

会ってすぐにお互いにまだ安心感や承認を得ていないのにニヤッとしたり、意味不明の笑みはマイナスに働く。まだ本心をあかし合っていない段階で、油断して口元が緩んで歯を見せるのも脇が甘く見られる。ここはまだ、「緊張」のほうが継続されていなくてはならない時である。

そして**「話す速度」には注意しておこう。**

早すぎると焦っていると思われるし、ゆっくりすぎると真剣味に欠けるように思われる。これは逆もまた然り。相手が話すときの聞く側のポイントも同じである。これは私が59歳になって生まれてはじめてラジオのパーソナリティになって改めて学んだことだ。

それと**「態度」であるが、座っているなら足は組まないほうがいい。**自然に体がのけぞって偉そうに見えるし、正面から話を聞こうとしていないようにも見える。ここは腕組みも同様。態度が、上から目線に映る。

そういう意味でも「良い印象」づけのためには背筋は伸ばし、手はゴソゴソと動かさないこと。座る時も浅く座って背にもたれかからない。立っている時は決して壁に持たれない。

座る時も立つ時も足を揃える。うなずく際は首を前後に軽く振る。横にかしげてはいけない。疑問を投げかけるポーズだからだ。

このように、**人間は言葉以外の表現で「誠意」や「共感」をお互いに検索しあうわけである。**観察する力を向上させると「共感ポイント」を発見しやすくなり、人間関係をスピーディに良くしてくれる。いい方を変えれば、これぞ「非言語コミュニケーション」である。「非言語」でのコミュニケーションはとても重要であるが、ついつい「言葉」に頼ってしまう。「見かけ倒し」という言葉もあるが、「見かけ」良くして、いいように見られるようにしよう。

◉観察に秀でたナニワの飲み屋のママの話

このように、人は見た目で相手が自分にとってどんな人物なのかを判断し、印象を決める。そして言葉を交わして、相手が自分にとってどんな人物なのかを判断し、最終的な印象を決める。

「印象」は、正しいか誤っているかではないものだ。気にするといえば、あなたと相性が合

うか合わないかぐらいのものだ。もう少しいえば、相性が合う合わないにかかわらず、仕事などでは、行動を共にしたりしなければならない時があるので、そんなことどうこういっていられないのが世の中であり、現実だ。

ここは「気の持ちかた」で乗り越えよう。

「観察力」というと、ダウンタウンの松本がテレビ「ダウンタウンのごっつええ感じ」のなかで演じていた四万十川料理学校のキャシィ塚本先生のことを思い出した。

料理をつくる時のぶっ飛びかたが評判のキャラクターだったのだが、彼女のオリジナルは現存するのである。その名も鈴木淑子さんだ。

私もかれこれ40年近くのつき合いになる。

NSC1期生だった頃の松本と浜田の二人は、毎日稽古場でダラダラしてばっかりの上、アルバイトもしていないので入学後半年目から月謝を滞納し出した。そこで、NSC担当の私の上司が見つけてきた大阪のミナミのスナック「プチ」に通わせることにした。

何度か顔を見に行った私は、愛想のない二人が黒服を着て、味気ない水割りなどを各テーブルでつくっていた姿を目にした。そのバイト代を月謝としてまき上げたかどうかは思い出せないが、彼らがスナックのボーイを勤めていたのだ。

その後、プチのママは場所を心斎橋に変えて、「桧ノ川」という名のぶっ飛んだ飲み屋をやりはじめた。「美味いものをみんなで喰うたらもっと美味い」。そして「笑いながら食べる」がテーマの店だ。

この本はグルメ本ではないので、メニューのことなどは書かないが、ママの特徴をお知らせしよう。松本人志がネタの題材として選んだ秀逸な人物である。

ある時、私が東京の友人を誘って「桧ノ川」に行った時、鍋料理の予約を入れておいたのだが、一向に出てこない。目の前には金のカゴに山盛りの蒸かした「サトイモ」だけ。

「ママさん、そろそろ鍋を食べたいよぉ！」

「お、忘れとったわ。隣のテーブルの○○さん、その鍋、竹中に喰わしてやれよ！」

「いやぁ、偶然知ってる人やけど、別のお客さんなので関係ないし」

「うーん、お前らケチくさいことというな！」

そんな店である。

ある時はランチ用のご飯を炊きすぎて、それがびっくりするぐらい余った日の夜、偶然店に行った私に、

「竹中、これ持って帰ってくれや！　明日はランチ、ないねん。頼むわ！」

残ったご飯はゴミを捨てる大きなビニール袋（当時は真っ黒のだった）を二重にして、そのなかにイッパイイッパイ詰められサンタクロースのような出で立ちで帰宅させられた。決してテレビのキャシィ塚本が大げさだったとはいえない。

松本人志のそんな愛すべきキャラクターを観察する力とそれをネタにして演じる「芸人力」。そして飲み屋の女将さんとして、誰よりもお客さんを喜ばせようとする女将の「溢れる共感力」が、あの「キャシィ塚本」を産み落としたのだ。

こんなぶっ飛んだ魅力ある人物に松本は育てられたといっても過言ではない。そして彼が観察して手に入れたものは、女将《おかみ》さんのお客さんとの「共感力」だったのである。

EMPATHY 5-2

初めて会う人との初めての会話で意識すること
——楽しい会話で場をなごまそう

◉お笑いや楽しいことで相手と共感しよう

コミュニケーションのきっかけには、まだ仲良くない相手であっても、初めての相手であっても、話のネタに「お笑い」を持ってくるのが有効だ。

例えば、「僕は最近、こんな芸人のネタで笑ってん！」とか「最近オモロイ漫才師って誰？」などから口火を切ると、相手に対して「楽しい感情」が芽生え、人間関係が円滑に動き出すものだ。

別に話題は野球やサッカー、ファッションや音楽、政治でも構わない。ただ「お笑い」に関するネタだと、知った芸人の話が出たらそれで盛り上がるし、知らなかったらどう面白いのかも教わって盛り上がる。芸人の話題に始まって、どういったネタの中身でオモロイといったように話は続くのだ。

◉失敗談は笑いにつながる

次に紹介するのは、東北のとある街で、私より少し年上の女性の集会で講演をした時、そこで出てきた質問と答えのやりとりである。

あるご婦人がいった。

「竹中さん、私も周りの人を笑わせたいです」

「いやいや、おかあさんが面白いことを話しだしたら、吉本がいらんようになりますやん」

「そんなこといわないで、教えてください!」

などとやりとりがあって、その時ひとつ思い出したのが、人が笑うということは「自分が面白かったことを話す」ということだった。

そこで私が、

「まずご自身が最近、笑ったり面白かった思い出はないですか?」

と聞くと、

「うーん、なかなか思い出せないです」

といわれたので、私がひらめいたのが、

「じゃあ、最近のことで、人にいえる失敗談などはありませんか？」

という質問だった。すると婦人は即答で、

「この前、朝におとうさんが会社に行く時、間違って左右の柄の違う靴下を履かしてしまって、『会社で笑われたぞ』と怒って帰ってきたんです」

という話を思い出してくれた。

「こういう罪のない失敗、お母さんは反省もしてないし、何ならちょっと可笑《おか》しかったでしょ！」

と聞くと、ご本人はもちろん、周りのご同輩も笑っていた。

人が笑うということはこういうことなのだ。

他の人にも失敗談を聞くと、桂文珍のネタのようなエピソードが出た。

「携帯電話を買ってすぐ、お父さんがいつも会社に持っていくのを忘れていて、ある日もテーブルに置いたままだったんです。『また忘れてる』と思っていたら、何とテレビのリモ

図22　失敗談は笑いにつながる

コンがなかった。ところが帰宅したお父さんは何もなかったように『今日も電話を持っていくのを忘れたわ』と間違ってリモコンを持って行ったことはいわず、こそっとリモコンをリビングに戻していたんですよね」

これはお父さんの失敗ですが、やっぱり人の失敗って笑えますよね。

◉真面目ではない「ゆるい自己紹介」を用意しておく

初めて会った人には真面目な自己紹介も必要だが、少し勇気を出して「ゆるい話」を切り出すことをお勧めしたい。

たまにタクシーに乗ると、運転手さんのシートの後ろに、会社名や名前と共に「趣味：魚つり」なんていう自己紹介がある時があり、私は必ずそれに触れるようにしている。

ただし少々意地悪な私は、「どこに行ってどんな魚を釣ってはるんですか？」とか「いままでで一番でかいのはどのぐらいの大きさでしたか？」などとは聞かずに、「いままでこの『趣味』について話しかけてきた人は、乗客の何％ぐらいいてますか？」と聞くようにしている。

そう聞くと、嬉しそうに「50人に1人ぐらいですわ」と答える運転手もいれば、「(そこを聞くか？）そうですねぇ……」と当てが外れたように答える運転手もいる。

私にすれば、たまには意外なものが喜ばれるかと思って質問しただけなんだが。

仕事の場であってもなくても、人の印象は、初対面で瞬間に決まってしまうという現実があるなか、いち早くこちらの情報も提供し、もっと自分を知ってほしいという感覚を働かせてみよう。「共感」を探し合う時のいいキーワードを積極的に提供しよう。

あまりかたい話題から入らず、「ゆるい自己紹介」を考えておくのもいいかもしれない。

その人に会うことになった経緯や、挨拶でどこまで何を話すのかなどのネタを準備しておこう。

図 23

話す位置や話す言葉のトーンなどにも気をつけよう

本音を話しやすい座る位置や話し方

テーブルと椅子の位置は、相手と直角に座るほうがいい。90 度の座り位置だと、意識的に目線を外しても苦にならない。正面で話していると目線を外しにくいし、外すと話から目を背けたと相手に思われてしまう。

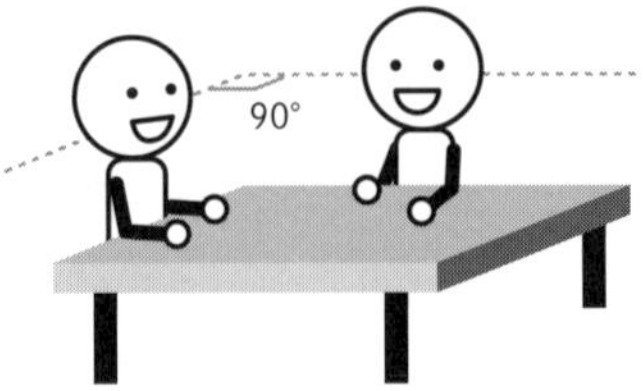

相手の言葉のトーンに合わせる方法

声の高低や速度の調子を相手と合わせることで会話にリズムがつく。聞き手のことを考えないで一方的に話すとほとんどの相手は嫌がる。自分に置き換えてみると分かる。

また、こういうテクニックはどうだろうか？　仕事の時間を共有し、本音を話しやすい座る位置や話しかたについてだ。言葉のキャッチボールをする時、受けたり投げたりがしやすい位置について紹介しておこう。

椅子の位置は、直角に座れたらそのほうがいい。90度の座り位置だと、意識的に目を見ても外しても苦にならない。正面で話していると目線を外しにくいし、外すと相手には目を背けたと映ってしまう。これが真横に座ると目線も顔色も伺えない。これは彼や彼女といる時も同じこと。目を見つめたり、目線を外したり、すこし座る位置を変えたりすると会話が進む。

そして言葉のトーンを合わせる。声の高低や速度の調子を合わせることで会話にリズムもつく。一方的にしゃべり倒す人が聞き手のことを考えないでグイグイと話し進めるのは良くない。私はこのパターンが多く、いつも反省している。

そして可能なら使うフレーズは、相手の感情に働きかけるもの、前向きな言葉、相手を褒める言葉、気持ちを奮い立たせる言葉、そして相手の言葉を繰り返す言葉などが有効だ。お願いごとをする時には相手を褒める言葉は受け入れてもらいやすい。

別人が「○○さんのことを褒めてましたよ」という言葉に人は嬉しく反応してしまう。逆にいうと直接でなくとも、けなしていたとか、悪口をいっていたらしいというような「噂」があるだけで、頼みごとを断られることがよくある。人の心はそういうものだ。

初めて会う人だからこそということでユニークなコミュニケーション作戦で成功した例がある。それは会話もメールも使わずに行われた。

現在はロスに住んでハリウッド映画の音楽制作をしているWATARU HOKOYAMAという20年来の友人の話だ。彼は南カリフォルニア大学映画音楽作曲学科出身で、映画制作の学生ばかりが集まるパーティに参加した時、自ら「手裏剣作戦」と名づけた方法で仕事を手に入れたという。

種明かしをすると、多くの関係者にいちいち「はじめまして」と挨拶して回るのが面倒だったので、自分の作曲した音楽をCDに焼き、その盤面に自分の名前とメルアドを書いて、それをパーティに来ている連中のカバンの中に勝手に入れて回ったというのだ。

多くの人がカバンを開けて驚き、笑いだす者もおり、それがきっかけでデイヴィッド・グリーンスパン監督からメールが来て、短編作品「おはぎ（Bean Cake）」（出演：神田沙也加）の音楽を担当したのだ。この作品は第54回カンヌ国際映画祭の短編映画部門でパルムドールを受賞した。

色んなコミュニケーションの方法があったものだ。

現在、彼は米国のロックバンド「ＤＥＶＯ」のリーダー、マーク・マザーズボウに師事し、２０１７年に公開されたハリウッド映画『マイティ・ソー　バトルロイヤル』の音楽プロデューサー補も務めている。

EMPATHY 5-3

共通の話題と褒めるポイントで「共感」を深める
――共感力アップのコツ

◉共通の話題で共感を深める

「共感力」を使って相手と理解を深め合ったり、初めて会った人とすぐに仲良くなるには、**同じことに興味を持っていたり、趣味が一緒だったり、仲のいい友人が共通にいたりするといい**。そしてそれはできる限り言葉にして口に出して、その情報を交換しなければならない。

「ボクのところ、親子三代、阪神ファンなんです」

「うちも阪神ファンで、息子も阪神ファンで、いまは野球教室に通っています」

なんて言葉を交わすだけで、相手に心を許せたり、仲良くなる速度が早い。

相手にいい人だと思わせたり、安心してもらう「共感」を得るにはいい方法だ。**様子を見**

ながら自分のことから話してみよう。どちらから話せばいいかは迷わず、こちらから話し出すというところがミソである。

先日も初めて会った人との距離を縮めようと、あれこれ話しているうちに、「一番好きな映画は何ですか?」「よく聞く音楽はどんなですか?」と相手を質問攻めにしてしまっていることに気がついた。

ついつい、お喋りな私は話をしすぎる。こういう時にこそ、先に自分のことを話しすぎず、相手の話も聞いて「共感」を探す、ということを忘れてはいけない。

「私はスパイ映画が好きなんです。本格的な『007シリーズ』も好きですが、『オースチンパワーズ』のようなコメディタッチのスパイ作品も大好きです。あなたはどんなのが好きですか?」

と聞かれると、「いつまでもアクションにチャレンジするジャッキー・チェンが大好きです」などと返ってきて、

「ジャッキー・チェンのことを大好きだと公言するナイナイ岡村の『無問題』は笑いましたね!」

なんて話は進むだろう。

相手から感じとるポイントを整理すると、外見に起因するところが大きいが、実はやさしさや温かさ、趣味や興味あるものが似ていたり、出身地や出身校が一緒など、多くの情報の共感が距離を縮め、いい人間関係を築いてくれることに役立つ。

「うなずき」とは首を立てに振り、理解の程《ほど》を伝えるものだが、浅いうなずきと深いうなずきを使い分け、相手への「共感度」を伝えることもできる。ただあまり回数が多すぎると「しっかり聞いてもらえていない」などと映るし、ひとつひとつが丁寧に深いのもいいのだが、うなずきが多すぎると、「一生懸命に話しているのになめて聞いている態度だ」などと映る。

また「相づち」は、相手が話している最中に、「はい」「なるほど」「そうなんですね」など、話し手に聞こえるか聞こえない程度の声の大きさでいいのだが、相手の声より大きな声で相づちを打つと、これまた「なめているのか！」と受けとられてしまう。

図24 「なるほど」カード

はい
そうなんですね
なるほど
さっきは「なるほど」をだしたから次も
ざわ…
ざわ…
ざわ…
なるほど〜〜
お前さっきからなるほどばっかだな

◉うなずきや相づちは使い方次第

「共感」する話が盛り上がれば本題もスムースに進んで行く。**話の解釈や理解度などの「共感」を伝えるには、「うなずき」や「相づち」が有効だ。細かいところも含め「聞いてもらっている」という実感を相手に伝えることができる。**そして話し相手として「温かさ」を感じとってもらえるのだ。

内容を理解して共感したという行為が「うなずき」だ。「相づち」も同様の効果がある。どちらも「良いコミュニケーション」の一種である。

うなずきや相づちは、どちらも受け手としての態度の在りかたが重要だ。これらは「あなたの話を聞いていますよ」というサインなのだが、ただ話し手が注意しなければならないのは、**「うなずき」や「相づち」があるから、もう理解してもらっているという勘違いをしてはならないという時もあるということだ。**

悪くいうと、聞いているふりをしても「右の耳から左の耳へ」という輩《やから》もいる。聞こえよがしの「相づち」を打っているという者もいるということだ。

といっても、そういう反応がある時、話す側としては話しやすくなるという利点があると

図25　共感を深めるいくつかのコツ

話すスピード

話し相手（男女、年齢なども考慮）によって早くしたり遅くしよう。

声の高低や大小、抑揚

場面に応じた発声をする。自分が生まれ育った土地の方言を使うと本音で話せることもある。

一文一義

書く時と同じく適当に句点をつけて短文で切る。一つの文章で一つの意味を伝えるようにする。

絵が想像できるように話す

話す時は、相手の頭のなかに映像が浮かぶように、言葉を選ぶ。

ナンバリングやラベリング

「今日は３つのことを覚えて帰ってください」とか「小さなお子さんのいらっしゃるお母さんには特にお伝えしたいです」などとつけ加えると、聞く人に伝わりやすい。

いうのも確かだ。ただし「うなずき」や「相づち」に乗せられて話すことはいいことだといえるが、そこに共感があるとはいい切れない。「聞くこと」と「理解すること」とは全く違うものといえる。

ここは空気を読むことである。そこでモノをいうのが「目力《めぢから》」である。

本気か嘘気かは「クビ」の動き（うなずき）や、「なるほど」という言葉（相づち）で読みとるだけではなく、**口ほどにモノをいう「目」を見抜く目力を持ってほしい。**

工藤静香の『MUGO・ん・・・色っぽい』のように、「目と目で通じ合う」そういう仲になって欲しいところだ。


五感を使ってコミュニケーションをとっていくなか、まさに楽しいキャッチボールをしているといえるやりとりが望ましい。まずは自分のことを話すのだが、自分のことをいったあと、相手からリアクションに工夫があると、コミュニケーションはどんどん進んでいくのだ。

その他の共感を深めるコツとして次のようなものがある。参考にしてもらいたい。

「話すスピード」…話し相手（男女、年齢なども考慮）によって早くしたり遅くしたりする。何を伝えたいのか、それを説明するためのたとえ話などがあればよく伝わる。

「声の高低や大小、抑揚」…発音方法は個人差もあるが、場面に応じた発声が必要だ。自分が生まれ育った土地の言葉を恥ずかしがらずに使ったほうが本音で話せることもある。

「一文一義」…書く時と同様に、適当に句点をつけて短文で切って一つの文章で一つの意味を伝えることで伝わりやすくなる。

「絵が想像できるように話す」…言葉を聞いた人の頭のなかに映像が浮かぶように言葉を選んで話すといい。

「ナンバリング・ラベリング」…話す内容に「今日は3つのことを覚えて帰ってください」とか「小さなお子さんのいらっしゃるお母さんには特にお伝えしたいです」などをつけることによって、聞く人がより注意を傾けやすくなる。

◉相手の「褒めるポイント」を見つけたらチャンス

相手の気持ちを感じるには、まずは自分の気持ちを知ることが必要なのだが、これも先に書いたように、上手くキャッチボールができていれば徐々に「共感」できる。

言葉のやりとりのなかで「共感」が見つかり、相手の褒めるポイントに出会ったら、そこに触れていくと「共感度アップ」の効果は大きい。なかなか褒め言葉は見つかりにくいものだが、それに出会った時の喜びは大きい。

「この前、偶然にAさんに会った時、あなたのこと、頭の回転が早くてアイデアが豊富だって褒めていたよ」などと第三者を通しての褒め言葉なども効果的だ。自分で直接いうのは少し照れるが、相手は、こういういいかたで十分に喜んでくれる。

このような言葉をいわれると、そういってくれている第三者を好きになるのではなく、いまそれを語ってくれた相手をいい人だと思ってくれるのである。

ただ多用すると小賢しく見えるので、上手に使うことをお勧めする。

ここで、ユニークな友人を紹介したい。20年ほど前、ある活動の応援依頼で出会ったNPO法人HELLO life代表理事・塩山諒くん（１９８４年生まれ）だ。聞いたところによると、最終学歴は小学校3年生。学校の担任の先生と折り合いがつかず不登校になったらしい。

その後、16歳で人材派遣会社に勤め、18歳でフリースクールのスタッフとなり、２００７年に社会変革への衝動を形にしようと「スマイルスタイル」を設立。様々な広告制作、イベント運営、カフェの経営などにはじまり、現在では、メインの事業として自分の経験を大いに活かし、これまで３００名以上の就業支援に携わっている。

彼とは年齢がふた回り離れているが、いつも対等の立場で話せるのがいいし、彼の前向きさには感動する。彼の就業支援には、納得できる仕事探しをしたいと考える人向けに「ハローライフスクール」という約1ヵ月間の就職サポートプログラムがあったりする。2015年7月11日に開催された「塩山諒結婚祭（塩山祭）」には、彼が子どもの時からの憧れの人でもあった私の旧知の河内家菊水丸を送り込んだりもした。

彼は一方的に企画や希望を持って来るのではなく、多くの夢を語ってくれ、それにアドバイスを求めてくる。それがいつしか、回を重ねるごとに共通の話題になり盛り上がる。彼は相手のことを褒めることも忘れない。こういうコミュニケーションだと、歳がそれだけ離れていてもこちらも学ぶことも多いので、「共感」の交換が上手くいくのだ。

EMPTHY 5-4

お笑い芸人が出番前に、舞台袖から感じとっていること
――芸人が観客の共感ポイントを探す技術に学ぶ

◉吉本興業は寄席小屋経営からスタートした

私が在籍していた吉本興業という会社の基幹産業は、「寄席小屋経営」である。１００年以上前に大阪の天満宮裏に小さな寄席小屋を手に入れた。それが創業期である。

その後、観客を増やし、小屋を増やし、それを繰り返した。そして、それに合わせて面白い芸人の所属が増え、お笑いが溢れかえる「寄席小屋」が最強になっていったのだ。それが、現在の大繁盛につながっている。

その寄席小屋が、戦前なら映画やラジオ、戦後ならテレビ、最近ではインターネットと共存することで、多くの人に多くの種類のお笑いをお届けしてきた。

第二次世界大戦終戦後、多くの芸能事務所が設立され、最近では音楽事務所もお笑いタレ

ントを抱えるようになってきたために、吉本の独占状態は崩れつつある。しかし、いまもって国内のどこの事務所も真似のできない仕組みが、この「寄席小屋経営」を基本としたビジネスモデルである。

365日休みなしのお笑い公演を十数軒の小屋で毎日数ステージ行っている。これを「基礎体力がある企業」とひと言で片づけてはならない。それをまた「ハードウェアである小屋を持っていられるとか、ソフトウェアである所属芸人が多いからできる」とひと言で済ませてはいけない。

実は、他事務所の芸人などを借りることもなく、自前の芸人ですべての番組（出番）編成を行い、劇場の運営も自ら行っているというように、他の事務所にはない寄席小屋経営のノウハウが蓄積されているからこそ、現在の隆盛を築いているのである。

2017年秋から半年間に渡り放送されたNHKの朝ドラ『わろてんか』でも描かれたが、寄席小屋経営とは、小屋を持ち、人気芸人を舞台に上げ、「木戸銭（入場料）」と「お笑い」を交換する経済行為である。

そこはドラマにもあったように、芸人の種類やその順番という番組編成が重要ではあるのだが、何よりも、かんじん要なことは、舞台に立つ芸人が面白いかどうかである。どう面白いかは観客の感性によるのでここではく詳しく分析しないが、拍手をもらって笑ってもらってなんぼのものなのだ。

さてさて、その芸人が育つ過程を少し見てみよう。

1982年4月に芸人養成所・吉本総合芸能学院（よしもとNSC）ができるまでは、漫才師やコメディアン志望者は、尊敬したり憧れたりする芸人（師匠）に弟子入りして芸を磨くか、劇場の進行係という下働きをしながら相方を見つけるという方法しかなかった。

いまも落語家は全員が弟子入りということで師匠に入門許可をもらってから稽古をつけてもらうのだが、漫才師になるには弟子入りしかないという時代が続いていた。

オール阪神・巨人、ザ・ぼんち、今いくよ・くるよ、西川のりお・上方よしお、島田紳助などは、みな弟子に入り修行してからデビューした漫才師だ。

ちなみに明石家さんまは笑福亭松之助という噺家に弟子入りしている。落語をしているところは数十年間見たことがないが……。

それがよしもとNSCの開校以降、私が命名した師匠を持たない「ノーブランド漫才師」が生まれた。1期生にはダウンタウンやハイヒール、トミーズ、内場勝則（吉本新喜劇）などがいる。

さてさて芸人が面白くなっていく要因はいくつもあるのだが、ここでは、**芸人が寄席小屋の舞台に立つ前、立ったあとに観客との「共感」を見つけて笑いをとる技術について、見てみよう。**

◉芸人は舞台袖で観客との「共感ポイント」を探している

芸人が控えている楽屋にはモニターのスピーカーがついており、舞台上の芸人の模様をリアルタイムで聞くことができる。客席が大爆笑ならその笑い声も舞台のマイクがひろってくれる。**出番を控えている者はそのネタの内容などを聞きながら、今日の観客の笑いのツボを探している。**

「昨日のプロ野球のネタが今日も受けているな」とか、「伊勢参りや二見浦に行ったことがあるというネタが受けているので、年配のかたか、三重県方面の団体さんが来ているのかな」とか、「このテーマなら前の芸人のネタと被るから今日はやめよう」、などと感じとるのである。

そして、舞台衣装に着替え終わった芸人は、自分の出番の15分とか20分前には、舞台袖に移動し、自分たちの出番の一組前のネタを聞き入るのだ。

そこではどんなネタをしているか、どこが受けているか、またどこがスベっているかをじっと見て聞いている。自分の前の出番の芸人が昨日までの舞台とは「ネタのここを変えてきたな」なども感じながら、観客の笑うツボを探すのである。

一流のマッサージ師が、お客さんの反応や自分の指の感触などで、押さえる場所を変えたり、強さを変えたりするように、話芸を生業とする者は観客との「共感力」を探し出す能力が高いのである。

そして舞台上の本番では、若手とベテランの差が出るところなのだが、若手はなかなか客席の空気を読めずにネタを縦横無尽に変えることができない。ベテラン芸人はそこはマイペースで、自分たちの流れをつくって観客を誘っていくことができる。ここは経験と肌感覚、「KY」（空気を読む）力がどれだけ身についているかである。

このように、劇場育ちの吉本興業の芸人は他事務所の芸人たちとはここが大きく違うのである。**「聞き手」のことをよく見て頭に入れて話術を進めていけるということだ。**

いま風にいうとテレビやラジオ、インターネットなどのメディアを介さない「生身のユーザーファースト」だ。

年令や性別、出身地や職業などによって、笑いのツボは変わってくる。そこを舞台に立って確認しながら話を続けるのだ。

新人の芸人はネタ数も少なく、多種多様な場面に対応できるバリエーションを持っていないから、お客さんによってはダダ滑りする。上手いという芸人ほど、お客さんを理解しているといえる。

なかでも引退した島田紳助と故松本竜介のコンビの絶頂期は、花月劇場において全員のお客さんをターゲットにせず、20歳から35歳の男性だけにターゲットを絞り、ネタを射っていた。

「みなに受ける漫才は他の芸人に任そう。俺たちは狙ったターゲットを射落とす」という主義だったそうだ。

これは紳助ならではのマーケティングによる「ユーザーファースト」だといえる。それが絶大なる支持を受け、生には生の、テレビにはテレビの見せかたを見つけ出し、スターダムにのし上がった。ただ当時は劇場の支配人から「もっと他のお客さんも笑わさんかい！」としょっちゅう怒鳴られていたようだ。

◉現場での〝生〟の経験を大切にする

ところで、「お笑い」の公式と呼ばれる「緊張の緩和」を持ち出すには、まず場面設定がお客さんにとって容易に想像できるようにしなくてはならない。

想像できない時、お客さんの思考が止まってしまう。そういう意味では平凡な場面の設定になるのだが、そこで非凡なことが起こるのが「お笑い」なのだ。

吉本興業にいた頃、スポーツニッポン新聞社をモデルにした吉本新喜劇を1週間上演することを決めた時、新喜劇の担当プロデューサーの発案で、

「舞台設定を新聞社の編集室にしても、お客さんは新聞社の内部を見たこともないし、行ったこともないので、感情を移入しにくい。だから、舞台の中心はその新聞社の向かいにある『喫茶　花月』にしましょう」

ということになった。

舞台設定を喫茶店にして、そこに仕事をサボってやってくる新聞記者の物語「スポニチ新喜劇」。文化部のデスクを内場勝則に任せ、舞台には、スポニチの手配で毎日、スポーツ選手を招き、取材をその喫茶店で取材をするというストーリーにした。また、その取材した記

事は実際に号外として発行して配布するなどをして、話題を呼んだ結果、1週間の総入場者数が1万5000人にもなった。

色んな意味で、吉本興業の芸人の底力は〝生〟の舞台で鍛えられているということだ。変化し続ける社会やそこで起きる話題、またお客さんの持つ興味などを、芸人のなかで飲み込んでは吐き出すということを繰り返しているのが「花月劇場」などの寄席小屋である。

ここは視点を変えれば、みなさんの働いておられる職種、置かれている立場でも同様のことがいえる。**営業現場などの〝生〟の経験に勘を加えて、打ち合わせ時に空気を読み、即座に行動に変化を加えて行くのが大事なのである。**

EMPATHY

第6章

他人《ひと》ともっと共感するための“竹中式”テクニック

EMPATHY 6-1

落語というイマジネーションの世界で「共感力」をもっと高めよう
――落語に触れて想像力を高める

◉落語家は観客と共感を探り合う

「落語」とは、そのストーリー自体がもちろん面白いものであるが、内実はその物語に加え、登場人物の描写、声の大小、高低を巧みに使い分け、最後に「オチ」をつけて笑わせてくれる話芸である。

江戸落語に比べて上方落語は「はめもの」と呼ばれる三味線や太鼓、笛などのお囃子《はやし》が多用され、比較すると賑やかな内容になっているものが多い。また上方落語は「見台《けんだい》」「膝隠し」「小拍子」などの道具を使うこともある。そういう意味では話芸というより、「ひとり芝居」みたいな見えかたをするものもある。

ところでみなさんは落語はお好きだろうか？　テレビで見た、ラジオで聞いた、カセットやCDで聞いた、寄席小屋や劇場で生で見た、など接点は様々あるだろう。

しかしまだ全く見たことも聞いたこともないという人もいるかもしれない。その人は残念だ。映画や音楽、本やアートに触れることと同じぐらいに出会えるチャンスがあるのに、見たり聞いたことのない人は悲しい。

実は**落語を聞く時のイマジネーション（想像力）で、脳みそは柔軟体操をして、鍛えられていくのである。**そのことは健康な身体を手に入れる近道でもある。笑って健康になるとはいい話である。

落語は江戸時代に生まれた伝統芸能といわれ、話芸のなかでも最低限のメンバー、そう、ひとりの人物が何役かしながら物語が進められ、「噺（はなし）」の最後に「オチ（サゲ）」がつくのが特徴だ。

落語家の話術に加え、身振り手振りでだけで落語は進んでいく。そして**聴き手のイマジネーションで笑いが起こる。ここにも落語家と観客のコミュニケーションが存在する。「共感」を探り合うのだ。**物語の舞台設定が観客にとって想像しにくいものだとなかなかその世界に入り込みにくい。また、観客の想像力が乏しかったりそのスピードが遅いと笑いは生まれないのだ。

◉想像力が広がる落語では「共感する力」が増す

落語の世界の素晴らしさは、観客が耳で聞いているネタを何倍もの速度でイメージ化していくことである。映画監督という仕事もシナリオを手にして文字を読みながら映像を頭のなかで描いていくのだが、それと同じである。

空の色や気温や湿気の具合、吹いてくる風の向きや、そこに含まれる工場や夕飯を準備している匂い。さらにクルマのエンジン音や子どもの泣き声なども想像しながら、主人公の台詞や動きを頭のなかで描いていくのだ。もちろん、そのなかに人々の喜怒哀楽が含まれることはいうまでもない。

映画監督がシナリオを手にして映像を想像するように、観客は落語家の言葉や立ち居振る舞いで、その想像力を掻き立てていくのである。

ここで「笑い」について説くと本が何冊もできてしまうので割愛させていただくが、落語の楽しみかたを少し学んでおこう。

まずは、落語の噺には大概は2人以上の出演者がいる。観客はそれぞれの人物の声の口調

図26 落語は話術の百貨店・ワンダーランドだ！

や癖を聞きとる。

落語家はそれぞれのキャラクターを分かりやすくするために、早口だったり、おっとり喋ったり、甲高い声で笑ったかと思ったら、急に低音で怒ってみたりする。発声や発音方法を工夫したり、方言を混ぜたり、専門用語を入れて惑わせたりと、「話術の百貨店」だ。

落語の登場人物は、ちょっと知恵のある者とおっちょこちょいの組み合わせが多い。働き者と怠け者の話もある。

物語の進みかたがナンセンスに溢れていたり、問題解決でとんでもない方法を思いついたりと、コメディ映画作品と変わらぬ世界を提供してくれる。

落語を聞く者で誰ひとりとして、語られた言葉を、テレビのテロップのように頭のなかで漢

字や平仮名にして並べていく者はいないだろう。観客の頭のなかでは動画の世界が広がっていくのである。

脳みその柔軟体操には「お笑い」が一番だ。特に「落語」未経験者はイマジネーションが鍛えられるのでお勧めする。次項で、落語をひとネタお届けしようと思う。

EMPATHY
6-2

相手の目の前に「絵が浮かぶように」伝えよう
——たとえを使うとイメージがふくらむ

◉感じたことを相手に伝えるのは、そもそも難しい

直木賞作家の藤本義一の著作『川島雄三、サヨナラだけが人生だ』（河出書房新社）のなかで映画監督の川島雄三が義一に伝えた言葉にこういうものがあった。

「君の考えていることを１００としましょう。そして君が口でいうことをその10分の１としましょう。つまり10パーセントですね。そして君が書く字は、その言葉のさらに10分の１です。つまり頭で考えているものは文字になったら１パーセントです。それをあなたは原稿用紙に埋めていくんです。これが普通の人です」

藤本義一の解釈はこうだ。

「監督のいわれんとするところは、天才は天分に従っていけばいいが、凡人にはもともと天分なんてものがないんだから、行きつ戻りつやっていくことの繰り返しで、1パーセントをせめて1・1パーセント、1・2パーセントとしていけばいいよってことなんです。天分がなくても天職は自分で選べばいいって言ったのでしょう。」

これを読んだ私の解釈は、

「思いついたことを言葉にすれば、頭のなかにあったものの10分の1ぐらいしか伝わらない。今度はそれを文章にするとそのまた10分の1に目減りする。都合、頭のなかのもやもやや思いつきは書いて伝えようとすると100分の1目減りするんや。」

感じたことを伝えるって本当に大変なことだと思った。ただし、**言葉で伝える時は、相手の顔色を見ながら話したり、たとえ話を用いて説明を補足したりして何とか多くの情報を伝えることができるのだ。**

◉フットボールアワー後藤のイメージがわく「たとえツッコミ」

たとえ話（比喩）でいうと、吉本興業ではフットボールアワー後藤のツッコミが秀逸だ。彼はいままでの漫才にはなかった、イマジネーションを聞き手に奮い立たせる有効な台詞を吐く。

2つほど紹介すると、

相方の岩尾の口臭の説明を、

「奥歯のほうでネコ、死んでますよ」

8浪してる人が9浪目に挑戦すると聞いて、

「9年!? 当時生まれた犬がぼちぼち死ぬ頃やん」

比喩を使うと、相手はその話を目に浮かぶようにビジュアル化して聞くことができる。ビジュアル化してもらうということはイコール可視化。言葉以上のモノを伝えることができる。

図27　想像力を刺激する“たとえ”ツッコミ

それが比喩だ。
フットボールアワーの後藤のような比喩を使うと、話がより分かりやすくなる。聞き手の想像力のエンジンにターボがかかるのだ。

◉落語の例を使ってイマジネーションチェック

そこで相手が話を聞いてくれる時、いかにその言葉が絵になって伝わるか、落語で体験してみよう。落語は想像の産物だ。目の前にいる落語家が、話芸に若干の仕草を加えて物語を進めてくれる。それは噺家とお客さんのキャッチボールだ。

聞いている人はみんな頭のなかで動画として、描いていく。白黒の画面の人もいるかもしれないが、多くの人は総天然色だろう。では一席おつき合いください。

「壺算」

ある男が引っ越した際、たまたま自宅の水壺が割れてしまった。そこで嫁さんに頼まれ、新しい壺を買いに行くことになったのだが、その時、買い物上手の兄貴分の「徳さん」についてきてもらうという落語だ。

はじめに

その男が嫁さんに頼まれた壺は2荷《か》入りの物だった。（1荷＝約50〜60リットル）

瀬戸物屋に行った2人。

徳さんは交渉の末、1荷入りの壺1つ3円50銭のものを値切って3円にしてもらった。

相棒はその3円を払い、2人で壺を担いで歩き出す。

その時、相棒は「2荷入りの壺を買わなければ嫁さんに怒られるで！」というので、徳さんは「分かってるがな」といいながら2人はUターンして再びその店に戻る。

徳　「わしらのこと、覚えててくれたかな？　やっぱり2荷入りの壺が欲しいねん。2荷入りの壺を持って帰るから縄をかけてくれるか。ところでいくらになるねん？」

番頭「1荷入りの壺が3円50銭ですんで倍の7円に…、あんさんは買い物が上手でんなぁ。さっきのが2個やから6円でようございます」

徳　「ところでさっき3円渡したな」

番頭「へぇ、ここにまだ置いたままになってます」

徳　「で、いまさっき買うたばかりのこの1荷入りの壺、下取りしてくれるな。いくらやねん？」

番頭「そらもう、買うてもろたばかりのなんで……3円でよろしいですがな」

徳　「そこのさっき払ろた銭と、この下取りした3円、ほな持って帰ってええな」

番頭「…もう一度いってもらえますか？」

徳　「ちゃんと聞いてるか。そこに置いてある3円と下取りした壺代3円で合計6円やろ。2荷入りの壺が6円やから持って帰ってもええな」

番頭「分かりました。どうぞお持ち帰りください」
(相棒はおかしくてしょうがない。2荷入りの壺を担いで笑っている)
(気がついたのか、番頭は二人を呼び戻して)
番頭「どうも、すんまへん。ここに銭が3円しかないんですが!」
徳「お前、この1荷入りの壺を3円で下取りしてくれるいうたやないか⁉ 壺が置いてあるがな」
番頭(現金と壺を見比べて)「1荷入りの壺の分を入れるのを忘れていました。どうぞお持ち帰りください」
(二人が担ぎ出すと番頭、また戻ってくれと呼び戻した)
番頭「どう考えても銭が足りません!」
徳「おい、店を出ると、勘定が足らん、銭がない、といわれたら、わしらが壺を盗んでいるように見えるやないか!」
番頭「どうしても勘定が合わないもんで」
徳「それやったらソロバンを持って来い!」
番頭「持ってきましたが、どのように…」

徳「先に3円払ろたな、それを入れろ。その次に1荷入りの壺の3円を入れてみぃや。6円になるやろ！」
番頭「あとの3円を入れて良いものかどうか…」
徳「さっきの壺、引きとるんやろ。それやったら、その分、入れんかい。見てみ6円になるやろ！」
(番頭は丁稚に大きいソロバンを持ってこさせた。そのソロバンでも答えは同じ)
徳「何べんやっても6円やろう」
番頭「あんさんがゴチャゴチャいうから分からなくなるんです。私も長い間、商いをしてますけど、こんなややこしい壺は初めてです」
徳「そうじゃろう。そこがこっちの＊＊じゃ」

ということで「＊＊」とオチが着く。ここはネタバレなしということで。

このように読む落語もなかなか楽しめるはずだ。ぜひ次回は実演で味わって欲しい。そしてあなたも落語家よろしく、聞き手が、あなたの言葉を絵にして「フムフム」とうなずきながらイメージを思い浮かべられるようにしよう。

EMPATHY
6-3

共感力を高める身体を用いた即効テクニック
――目力《めぢから》、カメレオン効果、ミラーリング

◉「目力」は口ほどにモノをいう

アメリカの大学の発表によると、初対面の人の印象を決める時間は会ってから0・1秒だそうだ。確かに、目線、口元、首や頭、姿勢や身体の向きなどを見て一瞬で感じて相手の印象を決めるということは納得できる。

思い起こすと、私自身もそうしていた。だから相手にいい印象を与えたいのなら、せめてその10倍の1秒くらいは芝居をすればいいと思ってきた。

ただ残念なことに、目は芝居ができないので、小芝居をしても本心が見破られる。ただこのことを利用するなら、**コミュニケーションにおいては全身のなかでも「目力」に注力するといいといえる。**

もちろん、これは相手と仲良くしようという前提の話であって、それが敵対する相手なら相手を威嚇する「目力」もある。関西弁でいうところの「メンチを切る」というものだ。

それでいうと、目の玉が見えないような濃い色のサングラスをしている人に会うと、笑っているのか怒っているのか、はたまた何を考えているのかもわからない。映画『マトリックス』のエージェント・スミスもそうだったし、私が個人旅行で朝鮮半島の38度線「軍事境界線、板門店（ＪＳＡ）見学ツアー」に行った時、両国に跨《また》がっていた部屋のなかにいた韓国兵もレンズの濃い色のサングラスをしていて、どんな表情なのか、どこを見ているのも分からず不気味だった。

ということで、仲良くなりたい時に使う方法はといえば、相手に承認や愛情を求めた「目線」を送ることとだ。ここは短くっていい。長いと脅威を与える「メンチ切り」になるが、短いと「信頼」を求めているとか「好き」という思いの伝達になる。

これは別に**初対面の時に使うだけではなく、話を聞いている時、別れ際にもそういったアイコンタクトを挟《はさ》むと効果的だ。**もっといえば「共感力」を求める心があれば「口ほどにモノをいう目」を活用しない手はない。

◉カメレオン効果やミラーリングで同調する

「共感」は身をもって自ら表現することができる。例えば、相手が腕組みをしていたり、目を見ずに返事をしているなら、それは相手が嫌悪まではいかないが、ある程度距離を置いた反応をしているということだ。コミュニケーションが上手く進んでいない現れである。相手が前のめりか引き気味かは一目瞭然だろう。

そして、**少し距離が近づいた感じを得たあとには、「同調」できるところを探して、積極的に「共感」を表現するのだ。**

対話の場面なら、**「カメレオン効果」**と呼ばれる、相手のいったことや仕草を真似するテクニックがある。そうすることによって共感度がアップする。**「ミラーリング」**という相手と全く同じ姿勢をして「共感度」を上げるというテクニックもある。

これらのテクニックを頭に浮かべていると、吉本新喜劇で、池乃めだかが、島木譲二（故人）のマネをしすぎて喧嘩になるシーンを思い出した。こちらは適度ではないので笑ってしまうシーンだが、適度でないと逆に相手を怒らせてしまうことになる。

図28　相手と同調して「共感」を伝える

EMPATHY
6-4

「答えやすい質問」が相手の共感力を引き出す
――いい質問は共感力を高める

◉相手が答えやすい質問を用意する

私はたまに高校や大学に教壇に立たせていただき「コミュニケーション術」を身につけようといった内容の講座を持つことがある。その講座では、色んな質問もして、学生の考えや意見を述べてもらっている。

ただし彼ら彼女らは普段、聞かれたことだけを答えるというような癖がついているようで、なかなか話が広がっていかないことが多かった。先ほどからこの本で伝えている「楽しいキャッチボール」とはなかなかならなかった。ぎこちないキャッチボールだったといえる。

最初に、

「私は『好きな映画は何ですか？』と聞かれたら『スパイ映画が好きです』と答えます。あなたは？」と聞いてみた。

すると、ある学生は「私も好きです」と、またある学生は「私はあまり好きではないです」と返してきた。

それを聞いて「自分の意見をいうことに慣れていないのかなぁ？」と感じたのだが、その時、**盛り上がらなかったのは私の質問に落ち度があったからだ、と気がついたのだ。**

私の先ほどの質問では、聞き手には「スパイ映画を好きか、嫌いかをたずねられている」というように受けとられた。

しかし私が聞きたかったのは「あなたの好きな映画は何ですか？」のつもりだった。先ほどのやりとりでは、相手が答える前に「私はスパイ映画が好きです」と私は自分の好みをいっていた。

それをいうなら「私はスパイの映画が好きです。さて、あなたはどんなジャンルの映画が好きですか？」と聞かなければならなかったのだ。

そのことに気づいたあと、質問を少し変えただけで、返答の幅が一気に広がった。

そのように質問を変えると、

「私は日本の時代劇が好きです」「私はアメリカのＳＦものが好きです」など色々な返答があった。なかには「映画より、小説を読むほうが好きです」と映画についてではなく、「自分の『好き』なもの」という切り口で答えてくれた者もいた。

そう、**最初の質問よりも個人の思いをたくさん聞くことができたのだ。**

そもそもこれは、私が2つしか選択肢がない質問をしていたんだから仕方がない。

本当のところは「あなたの好きな映画」ということを聞きたかったのだが、それは私の勝手な思い込みだった。私の質問の仕方が横着だったせいでコミュニケーションが思ったようにとれていなかったのだ。これは私に非がある。

それに気づいた私は、少し質問に工夫したのだった。

私がこのことに気づかなければ、彼らのことを勝手に、「感度も落ちているなぁ」と決めつけていたところだ。聞きかたを変えることによって、彼らの感性にしっかりと出会えることができた。そして「共感」することもできたのだ。

図29　「話が次につながらない悪い質問」と「話が次につながる良い質問」

「あなたの好きな映画は何ですか？」という意図の質問の例

× 話が次につながらない悪い質問

質問　「私は『好きな映画は何ですか？』と聞かれたら『スパイ映画が好きです』と答えます。あなたは？」

答え　「私も好きです」
または「私はあまり好きではないです」

▼

答えが出たあと、盛り上がらずに次につながらなかった。その理由は、この質問だと、聞き手に「スパイ映画を好きか、嫌いか」と質問されたと受けとられたからだ。

○ 話が次につながる良い質問

質問　「私はスパイの映画が好きです。さて、あなたはどんなジャンルの映画が好きですか？」

答え　「私はアメリカのＳＦものが好きです」
「映画より、小説を読むほうが好きです」　etc.

▼

色々な答えがあってそのあとも話が盛り上がった。質問を少し変えただけで、返答の幅が一気に広がった。個人の思いをたくさん聞くことができた。

◉質問次第で答えはガラリと変わる

実は**こういった「答え」を引き出すための「質問」の用意はとても重要だ。**自分の思いや都合だけで言葉を選んでも、相手の本当の気持ちや思いを知ることはできない。もっと自由に意見や感想、思いを伝えて欲しいなら、返しやすいボールを投げることだ。そういう意味で、そのあと、答えやすい質問を用意するようにした。

まずは、何も考えなくてもすぐに答えられる質問。答えが「イエス」か「ノー」しかないものだ。

例えば、「子どもの頃は野球が好きでしたか？」と聞けば、「イエス」か「ノー」で答えられる。

そして**次に、その理由を聞く質問をしてみる。**

例えば、答えが「ノー」の人に「なぜですか？」と聞くと、

「野球よりサッカーが好きでした」というような答えが返ってくる。

徐々に質問の幅を狭めていくと相手も答えやすいというものだ。

私ならここで、「サッカーは詳しくないねんけど、見たりやったりでいうと、どこが醍醐味なん？」と聞き返す。すると相手の思いが言葉になってすぐに出てくる。

また、「普段はどんな運動をしていますか？」などと聞けば、思い出してすぐに答えられるものが出てくるし、そのなかでも何が一番好きだとかも話してくれる。

そして**そこでひとつ重要なことは、聞き手自身の情報も挟んでいくことである。一方的に聞くばかりではなく、自分のことも言葉にするのである。**

「実はボクは運動音痴やねん。何かお勧めのスポーツはないかな？」などとアドバイスを求めると、

「先生、いつも『コミュニケーションは言葉のキャッチボール』っていうてはりますよ。キャッチボールから始めたらどうですか？」と返ってくる。

こういったところに質問のコツがあるといえる。

講義の最後の時間に、登壇した私のほうから「何か質問はありませんか？」といってもなかなか質問が出ないことがある。実はそれはその場で「質問内容を考えなければならない」

ということなのでなかなか誰も手を挙げないもののようだ。しかし質問の趣旨を変えて**「今日の話で一番記憶に残ったのはどれですか？」**と聞くと、「考えるのではなく、思い出して話せる」ので、多くの人が手を挙げてくれる。

特段こういう場面では「新たな質問を受けつけたい」というものが必要なのではなく、講義のまとめに入っていくところだから、考えずに思い出せるものを聞けばそれをいってくれる人もいるし、その時はそれに関しての補足などをすれば喜んでもらえるというものだ。

そういうことからいえば「あなたはどんな人ですか？」とか「最近はどうですか？」などの質問にはハッキリとした言葉で答えにくいし、表現も難しい。答える以前にどんな人でもそこはあやふやなものだからだ。

できる限り、答えやすい質問から始めて、徐々に答えの幅の広いのや狭いのを混ぜながら進めれば、良いコミュニケーションができる。

ここでポイントはといえば、「自分との共感」「相手との共感」をキャッチボールによって進めていくのである。

EMPATHY
6-5

交友関係をひろげたい時の大事な「笑い」を覚える
――共感に使える「ボケ」は色々ある

笑いはどこから生まれるか?

みなさんに「お笑い芸人」になってもらおうとは思っていない。よしもとNSCに入ってくださいともいってない。それでも面白くなりたいと考えておられるかたは、いつでも相談に乗ります。

冗談はさておき、「笑い」はどこから生まれるか、そのことについて見てみよう。**ネタの背景には「共感」できる文化や歴史、共通体験、共有情報などがあるのだが、基本は不条理などが生み出す「ボケ」からやってくることが多い。**

「緊張の緩和」の話をすでに書いたが、漫才の多くは「ボケ」のクリエイティビティによって支えられている。見事に「ボケ」が生まれた時、間髪をいれずツッコミがやってくる。

「なんでやねん！」「ホンマかいな！」「そんなアホな！」「ええかげんにしなさい！」などだ。

この非論理的、矛盾的なボケとツッコミのやりとりを、家族やお茶の間、休日の繁華街、初デート、スポーツ観戦、面接試験などを舞台にして、漫才のネタは進行される。

◉自虐的なボケから言葉遊びのボケまで

「他人を笑わせる」方法のひとつとして、**「自分の失敗談を話す」というのを先に紹介したが、これは専門的にいえば「自虐のボケ」といえる。**


元々、私は芸人さんに「オモロイ」「オモンナイ」としかいっていなかったので、専門的というのは少し恥ずかしいが、この「自虐」は、関西系の芸人さんが多用しているものだ。

例えば、テレビなどで、自分自身だけでなくオヤジやオカン、兄弟や姉妹の失敗やボケぶりを笑いのネタにするというものだ。これがまた大体が実話にもとづいているだけに、インパクトが強い笑いだ。メッセンジャーの黒田や中川家の漫才によく出てくる。

関西に比べて、関東では家族などを巻き込んだ「自虐ネタ」は少ない。理由は定かではないが、どうも内輪をネタにするのは好まれないようだ。実際、関東で売れている芸人の多くは、家族をネタにしないのでプライベートが見えない。みなさんは家族をネタにしている関東の芸人をご存知だろうか？　おそらくほとんどいないと思う。

他には言葉遊びのボケもある。これは漫才ではないが、吉本新喜劇の間寛平と池乃めだかのやりとりでよく見られた懐かしい笑いだ。

他にも変な顔をしたり、変な動きをしたり、ヘタでもいいのでモノマネをしたり、知っているのに間違ってみたりしたボケでも人は笑う。

でも実は、他人を笑わそうなんて思わなくていい。いつも笑顔が持てるような明るい気分でいれば、良いコミュニケーションはとれる。

「古事記」によると、日本で一番古い笑いは、『古事記』のなかの天照大神（アマテラスオオミカミ）が岩戸に隠れてしまい、世界が闇に包まれた時に、アメノウズメという女神が裸踊りをして他の神々が大笑いした様子だという。その光景を一目見ようと天照大神が岩戸を少し開けた際に、みなで外に連れ出して、世界に光が蘇ったのだとか。

「下ネタやん！」とツッコミたくなるが、これが日本の「笑い」の始まりのようだ！

図30 吉本新喜劇における間寛平と池乃めだかのやりとりの一例

めだか「本気（ホンキ）でいうてるんか？」

寛平「誰がモンキーやねん！」

めだか「またそんな得手勝手（エテカッテ）いうて…」

寛平「誰が猿公（エテコウ）飼ってるねん！」

めだか「折り入って話があるねん」

寛平「誰が檻（オリ）に入って話さなあかんねん！」

めだか「重大な話があるねん」

寛平「誰が10代じゃ、わしゃ60代じゃ！」

めだか「もっと情け深い人やと思うとったで！」

寛平「誰が毛深いんじゃお前、わしの見たんか！」

めだか「手塩に掛けて育てたのに」

寛平「誰が手錠をかけられてんねん！」

EMPATHY
6-6

共感の敵「怒り」と仲良くなる方法
――感情に名前をつける、気の持ちかたを変える

◉共感できない他人への「怒り」の対処法

そもそも「共感」したくない他人もいる。そういう人は相手にしなくてもいいとすでに書いた。そういう相手に対して「怒り」が体内からふつふつとわき立つことがある。これをどうにかする方法について、説明してみたい。

さて「怒り」はどこから来るかというと、相手に悪気があるものもあれば、不慮の事故のように悪意の伴わないものもある。しかし**理由はどうあれ、何らかの要因があり、傷つけられた側は怒りを持つ**。

その中身はといえば、心身の痛み、腹立ち、恨み、悔しさ、怨念、悲しみ、辛さ、非常識、

迷惑、怪我、病気、倒産、虚偽、セクハラ・パワハラといったハラスメント、などが挙げられる。そしてそこに弁解や、いいわけが溢れていたり、無理な正当化などがあったりすると、これまた余計に怒りを増幅してしまう。

◉「怒り」に対して名前をつけてみる

そこでわき上がる「怒り」とのつき合いかたであるが、**感情に名前をつけるという方法がある。怒りの感情を種類別にしてみるのだ。**

そうすることで原因を分析しやすくなり、ひと呼吸を置きながらその「怒り」と向かい合い、頭のなかで整理して、その結果、自分が落ち着けるようにコントロールできるのだ。

ただし、基本は、自分の「怒り」に出会ったら相手からは逃げればいい。「怒り」とつき合ってもろくなことはないと私は普段から決めている。そしてまた「怒り」は美容や健康にいいとは思わないし、いいことは何もない。「怒り」とは仲良くならなくってもいい。ただし相手に「怒り」を与えた際は逃げてはいけない。

「怒り」を捨てようとしたいなら、その「怒り」に名前をつけて分類してみるのだ。そうすれば「怒り」の内在する意味が理解でき、それに「強い怒り」を覚えたり、「イライラ」だけが残ったり、「悲しみ」や「妬み」「不安」「恥」「嫌悪」「罪悪感」「落ち込み」そして「恨み」などの名前が出てくることがある。総じて「怒り」には「後悔」が残るというのも特徴だ。そうやって「怒り」は形を変えながら精神的苦痛を与えるのである。

ぜひ「怒り」に名前をつけて、分類してみて、いまの状態を自覚し、それと向かい合おうという方法はどうだろうか？

私ならばその前に「冷静に、冷静に」と魔法をかけてクールダウンさせたり、深呼吸することなどを挟むこともお勧めする。

◉その場を離れたり、気の持ちかたを変える

私にも「怒り」がないわけではない。スイッチが入れば相手をとことん理詰めで追い込むネイティブ大阪弁トーカーでもある。

しかし、いまでは全くそういうスイッチは入らなくなった。それはすでに書いたように**与えられた「怒り」とその原因を確認し、そこからさっさと逃避できるからである。「弱虫」と呼ばれても平気。そんなところで怒っている場合ではないのである。**

不要な対決をして何が残るのだろうか？　勝ち負けか。アホらしい。物理的な損害ならト

コトン譲らないが、精神的なことは全く平気だ。悔しいこともなければ心残りもない。それは「怒り」があった場所から誰よりも早く消えることで学んだ。

ここで思想や哲学をぶつけている能力は私にはない。**それよりも、もっと現実的にすべきことや、行かなければならないところがあるからである。そこは義務でも何でもなく、私のやりたいこと、行きたいところがあるということだ。**

そう、気分を変えればいいのだ。簡単にいえば気の持ちかたを変えればいいのだ。

「簡単にいうな！」という声も聞こえてきそうだが、これは多くのお笑い芸人が「絶対に売れる！」という「気」を自分自身に向けて精進するのに似ている。

「怒り」とつき合うことも、芸道で生き抜くことも「修行」かも知れない。

聞くところによると「アンガーマネジメント」では「正しく怒る」のも重要だという。それは「なぜ怒っているのか」を相手にきちんと伝えることと、相手に望んでいることを簡潔に説明すること、の二本立てだ。

私が2015年に上梓した『よい謝罪』（日経BP社）のなかでは謝罪する時に大切なこととして、「まず最初、誰に、何のことを、どうお詫びするのか！」が重要であると説いている。またそのなかで「許す」というカードは謝罪する者が持っているものではなく、被害者が持っているものだと書いた。

そういう意味でも、怒っている側（被害者）が、加害者に何を望んでいるかを説明することほど救われることはない。そのことが「怒り」を与えてしまった加害者とのコミュニケーションの救いになることは間違いない。まさに「怒り」で出会ってしまった両者が共感に少しでも近づいていくのだ。

加害者は何を謝っているのか？
被害者はどう怒っているのか？

ここを交換できたら、「怒り（イカリ）」は「理解（リカイ）」に交換されるのだ。

おわりに――予想通りのロジック（理屈）は相手に見透かされる

頭のなかで考えることは行動をはじめるために必要なことだ。確かに考えずに行動すると失敗する確率は高い。ある程度の予定や予測を準備して行動をすればリスクも少なくて済む時が多い。ただ考え過ぎたことによって慎重になりすぎ、行動さえ起こさなかったりするケースも有り得る。

仕事でいうなら「動かなかったことでプラスもマイナスもない」なんていう人もいるが、そんなことはないのだ。止まっていたらそれはもう会社にとってはマイナスだ。販管費などの経費は黙っていても出ていくのだ。

間寛平のギャグではないが、杖を振り回しながら暴れるおじいさんが「わしゃ、止まると死ぬんじゃ！」とひと言。このギャグは仏教でいうところの「苦行」を見せてくれているようにも映る。一旦動き出したら止まれないのがいまの社会だと教えてくれているようにさえ思わせる。

ただ私たちは思想の自由という権利を持っている。日本国憲法第19条の中では「思想及び良心の自由は、これを侵してはならない」とある。ここは個人としては自由自在に妄想とつき合えばいいのだ。ただ最近では言葉を発しただけで問題になる時もあるし、行動を起こしたら即逮捕ということも起こり得る。現実的には自分の脳内にしまっておくことも重要だが、考えたり感じたりすることは限りなく自由なのだ。

「自分の考えていることが見透かされているようで怖い」という人の話を聞いたことがある。私は読心術を持ち合わせてはいないが、それは「自分の欠点や自分（で勝手に思う）の異常性を他人に気づかれたくない」ことから来るらしい。

これは人目を気にするタイプの人に多いそうだ。吉本興業のお笑い芸人なら「他人より面白いこと、他人より変なこと」を如何に早く思いついてネタにするかが生業なんで「気づかれたらどうしよう！」ではなく、「誰よりも早く他人に伝えたい、気づいて欲しい！」という欲求であるといえる。

そこで働く人たちは「他人にどう思われるかを気にするよりか、他人にどう面白い人として思わせるか」というのが仕事だ。

そう考えてみるとユニークな商売である。予定調和ではなく予定不調和を目指す商売なのである。

実はこれは「笑売」だけにいえることではない、人は予定通り、予測通りでは満足できない部分を持っており、変化に期待する人も少なくないのだ。ということはユニークなアイデアや奇抜なサービスを期待する人もいるということである。

ここを自分中心だけの「視点」でいると、視野が狭まり周辺や社会が見えなくなってビジネスも人間関係も上手く行かなくなるので、上手に「視点」を変えながら変化を楽しむキャラクターになってみればそれも悪くないということに出会える。「相手の期待を裏切る」というやつだ。

そんななかでいい話を聞いた。

主は山形県天童市で葱《ネギ》農業を営む清水寅ちゃんだ。吉本興業の「住みますプロジェクト」という名の地域活性事業で山形市に住んでいる芸人や私が大変にお世話になった人物だ。

彼は東北大震災後には東京のすべての仕事を手放し、奥さんの実家のあった天童に移住を決意した。そこで日本一のネギ農家になっていく過程はここでは端折《はしょ》るが、男気のある好人物である。

次に紹介する話は彼から聞いたいい話である。ぜひ覚えておいて欲しいものだ。

彼ら農業に従事する人がつき合っているのは「自然界」だという。その通りだ。太陽の照りかたや雨。その強さやその時間、温度や湿気、冬には積雪の期間や量。すべてが生き物である作物に影響を与えるのだ。ということで寅ちゃんたち人間の都合ではどうにもならないことだらけの世界で生きているわけだ。天候などが悪い時、いくら拝もうが嘆こうが、褒めようが泣こうが、その通りには全く行かないのだ。

そんな「自然界」とつき合っている彼にいわせれば、「人間界」ほど楽なものはないという。人間関係のアレコレは多くのことが「それでええやん！」と片づくことばかりだという。悩もうが苦しもうが、普段「自然界」とのつき合いのなかからいえば、「自然界」のワガママと比べたら人間とのつき合いなんて、まぁ全然たいしたことがないという。

重みのある言葉だと思った。「自然界」とつき合っている人物からすれば如何に人間は小さなことで一喜一憂しているのだろうか、ということだ。実は私は彼の言葉で相当「心改まった」ものだ。

とはいえ私は自然より人間とつき合うことのほうが多い。人間同士、他人からどのように見られているのかが気になって仕方がないところもある。

そこでそこを確認する方法をお知らせしよう。

「人は鏡」という言葉をたまに聞く。私はジジ臭い響きだと思って調べたことがなかったのだが、調べてみると、いいことが書いてあった。

目に前にいる人たちの顔を見れば、いまの自分の表情が見えてくるというものだ。そう、相手の顔は自分を写し出す鏡だというのである。確かにそうだった。相手がひとりであれ複数であれ、対面している人がどんな表情をしているかをよく見れば自分自身の様子が見えてくるというものである。

相手が笑っていればこちらも笑顔でいるのだろう。相手が目をそらし気味だったりうつむき加減ならば、私が面白くない話をしているか、少し怒り気味なのか、眉間にでもシワを寄せて怖い顔をしているかもしれない。当然、道行く人はみな無表情だ。知らない人から微笑《ほほえ》まれると逆に怖くなってしまう。

そんな鏡に映る自分を観察すれば、自分の表情が見えてくるのだ。表情が見えてくるということはすなわち自分の心のなかも見えてくるのだ。いい意味でも悪い意味でも自分の様子が見えてくるのだ。そこで自分を知る方法が「人は鏡」である。

まずは見た目からではあるが、自分を知る方法のひとつとしてこれを活用し、その場のコミュニケーションをより良くしてほしい。

Don't think! Feeeel!!

たった一度だけの人生、自分だけの人生。

「感じる力」を高めると「共感力」が高まり、人生が豊かに、自由に生きられる！

「感じる」を座標の中心に置いてみよう！


こういった心情でこの本は書かれた。

「共感」する力とはその力強さのことであって数のことではない。質を問うものである。

「他人や周りの空気の読み方」を考えているうちに「空気を読むことに注力しなくっても生きていける」気がしてきた。自分を知り、好きになり、愛して、尊敬できるようになればいいのだ。


私の好きな米国のソウルグループThe Staple Singersに大ヒットした『Respect Yourself』（１９７１年発表）という曲があるのだが、このなかには「もし自分のことを尊敬できないなら、他の人は誰もいい関係を持とうとなんて思ってくれない」という一説がある。

If you don't respect yourself
Ain't nobody gonna give a good cahoot

この「自分を尊敬する」というのは、手放しに自分を誇りに思うだけではなく、まず自分を「他人が尊敬できる存在にすること」だという。

このバンドは元々教会でゴスペルを歌っていたこともあるので、歌唱力はもちろんなのだが、教会音楽ならではのメッセージも込められた曲になっている。「Respect Yourself」とは、「自分を大事にしよう。自ら誇りを持とう！」というメッセージである。

ややこしい人とつき合うことに気や時間を使うより、リスペクトできる自分づくりに時間をかけるのがいいようだ。

この本は、大学の後輩でもある友人、高本昌宏氏のアイデアが、同じ大学で彼の先輩、ボクの後輩に当たる担当編集者、中尾淳氏と出会い誕生した。またイラスト周りは私にとっては新進気鋭のヨシムラヒロム氏と組むことができた。皆さんには感謝である。

そしてまたいつもと同じように友人や家族に手を引っ張ってもらい、この本を書き上げることができた。

実際は空気を読みたい自分と、空気なんか読まないで生きていたい自分がおり、そのために考えることを停止しようと考えていた時、ニューヨークの友人、堂本かおるさんから１枚の写真が送られてきた。
そこには「Don't Over Think!」と書かれたクッションがハーレムのある店のウインドウに飾られていた。駄目押しの１枚になった。

また、今回もiPhoneXというスマホとそのなかの無料アプリ「メモ」を使ってこの本のほとんどは書かれた。大きな画面のパソコンで文章を整理したり、部屋に山積みになった本からは多くのことを参考にし、学んだが、脳内から文章を吐き出すのはいつも飛行機のなかでiPhoneを立ち上げている時だった。

最後にもう一度、Respect Yourself

みなさまの「感じる力」が向上し、「共感力」が増すことで人生の自由度が増すことをお祈り申し上げます。

竹中　功（たけなか　いさお）

1959年大阪市生まれ。コミュニケーションの専門家、広報マスター、謝罪マスター、危機管理コンサルタント。

同志社大学法学部法律学科卒業、同大学大学院総合政策科学研究科修士課程修了。

81年、吉本興業株式会社に入社。宣伝広報室を設立し、『マンスリーよしもと』初代編集長。吉本総合芸能学院（よしもとNSC）の開校。プロデューサーとして、心斎橋筋2丁目劇場、なんばグランド花月、渋谷よしもと∞ホールなどの開場に携わる。また、河内家菊水丸の担当として、イラク、ソ連、北朝鮮公演なども実施。96年、大阪市中央区コミュニティFM局「YES-fm」を開局、翌97年にYES　VISIONS設立。映画『ナビィの恋』『無問題』などを製作。また、町おこしとして吉本興業が始めたプロジェクトでは「住みます専務」として東北6県の担当もした。その後「吉本興業年史編纂室」「創業100周年プロジェクト」を担当、よしもとクリエイティブ・エージェンシー専務取締役、よしもとアドミニストレーション代表取締役などを経て2015年7月退社。文化放送『竹中功のアロハな気分』（日曜19〜20時）のパーソナリティを務める。

著書に『よい謝罪　仕事の危機を乗り切るための謝る技術』（日経BP社）、『よしもとで学んだ「お笑い」を刑務所で話す』（にんげん出版）、『お金をかけずにモノを売る広報視点』（経済界）、『わらわしたい　正調よしもと林正之助伝』（KKロングセラーズ）がある。


他人《ひと》も自分《じぶん》も自然《しぜん》に動《うご》き出《だ》す　最高《さいこう》の「共感力《きょうかんりょく》」

カリスマ広報《こうほう》マンが吉本興業《よしもとこうぎょう》で学《まな》んだコミュニケーション術《じゅつ》

2018年 8 月 1 日　初版発行

著　者　竹中　功
発行者　吉田啓二

発行所　株式会社日本実業出版社　東京都新宿区市谷本村町3-29 〒162-0845
大阪市北区西天満６－８－１ 〒530-0047
編集部 ☎03-3268-5651
営業部 ☎03-3268-5161
振　替　00170-1-25349
https://www.njg.co.jp/

印刷／理想社　製本／若林製本

この本の内容についてのお問合せは、書面かFAX（03－3268－0832）にてお願い致します。

落丁・乱丁本は、送料小社負担にて、お取り替え致します。

ISBN 978-4-534-05607-8　Printed in JAPAN